クリスチャン・サルモン
ダコスタ吉村花子［訳］

道化師政治家の時代

トランプ、ジョンソンを生み出したアルゴリズム戦略

原書房

道化師政治家の時代

ベルナール・スティグレールに思いを寄せて

目次

「グロテスクとは、専制的主権の本質的なプロセスの一つである」

ミシェル・フーコー

文中の役職は当時のものを採用した。

はじめに

不可欠な道化師

コロナ（Ｃｏｖｉｄ―19）は地球規模で展開する暴政の新しい形を明らかにして見せた。先陣を切ったのはドナルド・トランプだが、ここ四年、世界各地で同様の動きが加速している。ブラジルのジャイール・ボルソナロ、フィリピンのロドリゴ・ドゥテルテ、英国のボリス・ジョンソン、イタリアのマッテオ・サルヴィーニとベッペ・グリッロ、グアテマラのジミー・モラレス、トルコのレジェップ・エルドアン、インドのナレンドラ・モディ、ハンガリーのオルバーン・ヴィクトル、「道化師《クラウン》」を自称するウクライナの新大統領ウォロディミル・ゼレンスキーに目を向ければわかるだろう。

コロナというパンデミックはこうした極端な権力を抑えるどころか、それら権力のグロテスクな劇場であった。私たちは、深刻な公衆衛生危機に見舞われた国家元首たちが、先を争うように無能と不合理に走るのを目にしてきた。愚行はとどまるところを知らず、魔術や宗教的感情といったきわめて原始的な形の強硬姿勢を取った。いわば道化と挑発の祝祭だ。だが目も当てられない危機管理にもかかわらず、これら政府の信頼度は揺るがなかった。逆に支持基盤が強化され、何よりも、自分たちはいかなる政治的、科学的、倫理的判断にも左右されず、無条件に意思を通せることが証明されたと考え、自分たちは罪に問われないという一種の免責を誇示した。

拒絶というパンデミック

ドナルド・トランプは二〇二〇年四月二三日の記者会見で、ウィルスは春になれば消えるだろう、消毒液を注射すればコロナに対抗できるだろう、と述べた。多くの医師の面前で、「消毒液は一分でウィルスを死滅させる。これを体内に注入する方法があるのではないか」と断言したのだ。二〇二〇年七月三日の時点で、アメリカ合衆国の感染者数は二七三万九八七九人、死者数は一二万九八九一人。これは世界的に見ても記録的な数字だ。

英国のボリス・ジョンソンはロックダウンに対抗して、「パブに行くという絶対に譲ることのできない英国人の権利」に言及し、彼のメインアドバイザー、ドミニク・カミングズは「集団免疫を獲得しよう。それで幾人かの年金生活者が死んでも仕方がない」と述べて、集団免疫という選択を正当化した。八月三〇日、英国の感染状況はイタリアを抜き、感染者数二八万五二六八人、死者数四万四二二〇人を数えた。ブラジル大統領ジャイール・ボルソナロは、感染者数が激増する中、「死者が出るかもしれない？　それは当然だ。気の毒だが、それが人生というものだ。毎年自動車事故で死亡する人がいるからといって、自動車工場を止めるわけにはいかないだろう」と語り、その一週間後にも、深刻になる一方の感染状況を心配する記者に対し、「だから何なのだ。気の毒だが、私にどうしろというのだ。私はメシアス（「救世主（メシア）」を意味する彼のミドルネーム）だが、奇跡は起こせないぞ」と答えて、ジェットスキーを楽しむためブラジリアの湖に向かった。感染がピークに達しても、彼は支持者たちに集会を呼びかけ、外出を繰り返し、ソーシャルディスタンスを無視して大衆と接触した。二億一二〇〇万人の人口を擁するブラジルのコロナ死者数は、アメリカに次いで第二位となり、ボルソナロ自身も、二〇二〇年七月初頭に感染したと発表した。[1]

インドの首相ナレンドラ・モディは、「Ｃｏｖｉｄ—19の闇」から抜けるのに、数字の九の魔力に頼った。彼はロックダウン九日目の朝九時にフェイスブックに九分間のメッセージを投稿し、四月五日（四＋五）九時にすべての照明を消して、九分間ろうそくをともすよう呼びかけた。彼の支持者たちはベランダや通りに出て、「コロナよ、去れ！」「母なる祖国インド万歳！」と叫ぶ一方、密告を恐れて電気を消す者もいた。二か月後、モディは今度はヨガに頼った。六月二一日の国際ヨガデーの数日前に投稿された動画で、彼はコロナウィルスに対する免疫、「防御盾」の獲得にヨガが役立つと述べた。インディラ・ガンディーの孫で下院議員を務めるラーフル・ガンディーは、真っ向から警告を発し、「とぼけるのもいい加減にせよ。インドは非常事態にある」と非難した。八月三〇日、感染者数は三六一万九一六九人（死者数六万四六一七人）に上り、インドは統計上世界第三位のコロナ感染国となった。

メキシコ大統領アンドレス・マヌエル・ロペス・オブラドール（ＡＭＬＯ）もロックダ

ウンを拒絶し、お守りを振りかざしてコロナ対策とした。三月一八日、彼は毎朝九時に開かれる記者会見で、「防御盾」であるキリストの心臓の小さな絵を取り出して見せ、翌日にも支持者の一人から贈られた魔除け代わりの六葉のクローバーを掲げた。その後、メキシコもコロナ最悪七か国に仲間入りした。

ベラルーシ大統領アレクサンドル・ルカシェンコが二〇二〇年八月に再選を果たしたときは、非難の声が上がり、通りではデモが繰り広げられた。彼は国民に、ウォッカを飲み、仕事に打ち込んでウィルスに対抗せよと呼びかけた。「トラクターはどんなウィルスにも効くし、畑はすべての人を治すだろう」と。そして国内各地で「スポートニク」を開催すると発表した。これは市民に無償で土曜日に働くよう促す、共産党時代にさかのぼる慣習だ。アイスホッケー大会の開幕試合では、「ここはスケートリンクですべては凍っている。健康でいたいならここに勝る場所はない。これこそ最高のスポーツだ。ウィルスをも凍らせる寒さは、最高の特効薬だ。ウォッカを飲み、サウナに行き、勤労せよ」と説き、「屈辱に甘んじて生きるよりも、堂々と死ぬ方がましだ」と言い放った。

トルクメニスタンの独裁者グルバングル・ベルディムハメドフは、保健・医療産業相、さらに二〇〇一年には保健・教育・科学担当閣議副議長を務めた人物だが、ペガヌム・ハルマラ（*Pegamum harmala*）〔ニトラリア科〕を使った大々的な燻蒸消毒を国中に命じた。これは血を清め、関節の疾病やうつ病に効くとされる薬草である。

元コメディアンのウクライナ大統領ウォロディミル・ゼレンスキーは「コロナウィルスに感染したかった」と語っている。曰く、「（スタッフたちと）集まったときに、『さあ、私は病気にかかることにしよう。そうしたら、すぐに隔離されるだろうから、寝て、普通に生活する。そうすれば人々も納得するだろうし、落ち込むこともないだろう。これはペストではないのだ』と言ったんだ。そうしなかったたった一つの理由は、誰かから、そんなことをしたら宣伝行為だと言われるだろう、と指摘されたからだ」「もちろん、そんなことをしていたら、家族からカンカンに怒られただろうし、頭がどうかしたと思われただろう。（中略）実際そうなのだからね」

かつて革命家だったニカラグア大統領ダニエル・オルテガは、コロナは軍国主義とアメリカ主導に怒る「神の合図」だと述べた。三月、彼は妻であり副大統領でもあるロサリオ・ムリージョと共に、首都マナグアで「Ｃｏｖｉｄ—19の時代の愛」と銘打ったカーニバルのような行進を開催した。コロンビアの作家ガブリエル・ガルシア＝マルケスの有名な小説『コレラの時代の愛』をもじった名称の行進は、参加者たちに「平和と愛に敗北する」パンデミックを笑い飛ばせ、と促した。

　こうした新世代のリーダーたちはえてして「ポピュリスト」と呼ばれるが、これは一九世紀末ロシアの社会運動家ナロードニキからかつてのアルゼンチン大統領ファン・ペロンやブラジル大統領ジェトゥリオ・ヴァルガスなどラテンアメリカの大物リーダーまでの、すでにかなり広範にわたる歴史・政治概念の特殊な性格を奪ってしまいかねない。彼らのイデオロギーの間には大きな開きがあり、ボルソナロやサルヴィーニのようにファシストと見なされる者もいれば、ボリス・ジョンソンやオルバーン・ヴィクトルのように権威主義的リベラリズム〔経済の分野ではリベラリズム、個人の自由の分野では権威主義的体制〕や外国人嫌いの混じった国粋主義《ナショナリズム》思考の者もいる。オルバーン・ヴィクトルは「非《イ》リベラル」を自称しているが、この造語は中欧（ポーランドあるいはスロヴァキア）の複数の体制や、インドのナレンドラ・モディ、トルコのレジェップ・エルドアンにも当てはまる。[2]

不信のスパイラル

ポピュリスト、非リベラル、国粋主義者《ナショナリスト》、主権至上主義〔国をまたいだ国際的主権よりも一国の主権を至上とする主義〕の信奉者、ファシスト……。新リーダーたちのイデオロギーは様々だが、それゆえ、共通の実体に落とし込むことのできないものと定義できるだろう。彼らはその性質からして既存の政治カテゴリーやイデオロギーの枠から外れている。というのも、彼らは政界、政党、政治関係者、政治の作法、さらには指導者のカリスマ性の在り方をも標的とする不信を体現しているからである。彼らは「グロテスク」としか言いようがない。

本書での「グロテスク」という形容詞は、侮辱や罵詈雑言などの攻撃的な意味合いではなく、一義的にとらえるべきものである。ロシアの言語学者ミハイル・バフチンによれば、「グロテスカ」とはもともと、一五世紀末にローマのティトゥス帝の浴場を発掘していた際に見つかった装飾画を意味していた。皇帝ネロにより建設され、奇妙なモチーフで埋め尽くされたドムス・アウレア（黄金宮殿）の装飾を指していたという説もある。こうした中世の知られざる図像は、植物、動物、人間の姿形の混在を特徴としており、洞窟《グロット》で発見された絵画の様式が「グロテスカ」と呼ばれるようになり、さらに境界を越えたあらゆるジャンルが混ざったものを意味するようになった。一六世紀フランスの哲学者モンテーニュは自著『エセー』の多様性に富んだ構成を「グロテスク」と呼び、グロテスクはのちにラブレーの作品をはじめとする喜劇の特色となり、やがて意味が拡大して、滑稽で風変わりで常軌を逸した事物を指すときに使われる言葉となった。

政治のしきたりを超えて制度の在り方や慣習を覆し、イデオロギー上のつながりを軽視し、指図を受けず、政治権力を敷くのではなくこれを覆そうとする怪しげな力頼みという意味では、ドナルド・トランプとその一派は「グロテスク」だと言える。トランプと彼の追随者は、この広範な不信を政界で体現する人物だ。逆説的だが、グロテスクな権力の正当性はあらゆるところで、政治家とその方針によってもたらされる信用、あるいは選挙で認められた信用ではなく、政治システムを標的とする不信の上に成り立っている。そのため分裂した性質を備えており、「確立された」グロテスクな権力という形で現れる。

筆者は前書『クラッシュの時代』[3]で、不信のスパイラルについて分析を試みた。不信のスパイラルはメディアを通じて拡散し、政治、科学、宗教制度のあらゆる「権威ある」

言説の正当性を否定する。二〇〇八年の金融危機は人間の具体的経験の公の物語を後退させ、政治の媒介物（メディア、政党、議会）の崩壊を招いた。このスパイラルはあらゆるソーシャルネットワークで反響を呼び、その「様式」、法則、規則が成立し、「不信のサブカルチャー」とも言うべきものが生まれた。世界的パンデミックに直面しながらグロテスクなまでに拒絶して悦に入る政府の姿勢は、リアリティ番組や、グーグル、フェイスブック、ＹｏｕＴｕｂｅ、ツイッターといったプラットフォームからなるメディア的サブカルチャーと分かちがたく結びついている。

雑誌ジ・アトランティックの論説委員ヴァン・Ｒ・ニューカークは、「一四〇文字で綴るアメリカの思考」[4]と題した記事の中で、インターネットが促した民主化という通説に疑問を呈した。記事はティーパーティー、オルタナ右翼といったばらばらに展開される反エスタブリッシュメント〔既存の社会体制や権威に異議を唱える姿勢〕運動がどのようにツイッター上で発展を遂げたかを説明している。彼らはツイッターで何百万人もの人を集めるイベントを次々と計画したり、公的人物に真っ向から挑戦したりすることができると胸を張る。ソーシャルネットワークは社会全体に広がるこの不信の受け皿となった。トランプや彼と同類の人物たちはこれを徹底的に利用しているのだ。

トランプは民主制度に挑んだが、その目的は改革や変化ではなく、これを嘲笑することであり、政治に関すること、その硬直した言辞、従来の政党、在り方、習慣への不信を煽ろうとした。奢侈のがらくたを代表するトランプは、卑俗、スカトロジー、嘲弄の中で勝利を収めた。彼は一種の理想像であり、知名度という上塗りを施した荒くれ者を体現している。二〇一六年の大統領選で、アメリカの複数の町の広場に反対者らにより設置された裸のトランプ像はこの点を公に表しており、悪趣味《キッチュ》な神聖さ、荒廃した彫像の一形態をたたえていた。この像は、グロテスクな権力の自発的な表現なのだ。

二〇一六年の大統領選でトランプの参謀を務めたスティーヴ・バノンは、このグロテスクの出現について語っている。彼はニューヨーク・マガジン誌の長時間インタビューの中で、ヒラリー・クリントンが、トランプやバノンを取り巻くナチス崩れや白人至上主義者の勢力を指して、トランプの支持者たちを「嘆かわしい」と断じた瞬間が選挙戦の転換点だったと回想している。バノンは抗議するどころか、「望むところだ。我々は『嘆かわしい輩』、バノン一派だ」と、巧みにこの侮辱を逆手に取った。「嘆かわしい」という語はトランプ支持者の符号となった。『嘆かわしい』ということはすなわち、してやられたということだ。我々バノン一派はいまいましい頑固者の寄せ集めに過ぎない。ブルーカラー労働者、消防士等々、平凡で、ドナルド・トランプを愛する輩だ。なぜかって？ トランプは既成権威《エスタブリッシュメント》にくたばれと言い放った初めての人物だからさ」[5]

ドナルド・トランプ——不可欠な道化師

ドイツの哲学者で社会学者のゲオルク・ジンメルは第一次世界大戦前に、「大衆を建設的な思考や批判的意思に導こうとしても無駄だ。彼らはそんなものを持ち合わせていないのだから。彼らは未分化の力、拒絶という力しか持たず、自分たちが排除し、否定するものだけを支えにしている」と考察した。二〇〇八年の〔金融〕危機以降ほど、こうした見立てが真実をついていたときはない。

二〇一六年の大統領選で、ドナルド・トランプはツイッターやフェイスブックを通じて、アメリカから分離した社会のこの部分に語りかけ、あちこちの不満を一つの熱狂の塊にまとめ上げた。このときに彼が活用したのが、逸脱や誇張といったリアリティ番組の手法だ。というのもこの手法だけで、生《せい》のむなしさを原動力とする表象欲求を満足させられるからだ。トランプは臨床心理学方面ではよく知られるこの表象欲求をとらえ、政治資本とした。それまで娯楽に過ぎなかったリアリティ番組を、人心掌握と権力行使の一手段に変えた。

彼は自身の支持者層の核をなす没落した白人たちに対し、象徴的な反撃の手段を与えた。すなわち、ますます多文化になっていく社会の中で、マイノリティの台頭に伴い冷遇される白人たちの優位性の回復である。いわば、信頼を失った者たちに信頼を取り戻させたのだ。トランプとはあらゆる怒りの中央銀行である。彼は怒りを集中させ、蓄積し、造幣し、恨みの表象という貨幣を発行する。この貨幣は裏付けとなる保証を持たず、信頼ではなく不信を基礎としていながら、実際の貨幣と同じ働きをする。単純に言えば、トランプは貨幣を乱発しているのだ。一つの嘘は別の嘘を糊塗する。一つのツイートは別のツイートを抹消し、事実確認など全くされないまま、スレッドが延々と続く。

トランプの勝利は民主党の敗北を意味するだけでなく、あらゆる予想や警告のシステムを誤ったものとし、アナリストやコメンテーターの信用を貶め、結果的に彼らの一切のロジックをすり抜けた。これは政治的異常であり、常軌を逸した想定外の出来事だった。トランプの勝利から一年後、ジャーナリストのミシェル・ゴールドバーグは、ニューヨーク・タイムズ紙に寄せた「黙示録の記念日」[6]という記事の中で、「いかに切れ者だろうと、何が起こるか誰も予想がつかず、ひどく振り回された」と述べている。

その後四年間、民主党やアメリカの主要メディアは、この新たな覇権主義的権力のメカニズムを理解しえないままでいる。トランプが挑発しても、「リベラル」は倫理的憤慨を表明するのがせいぜいだ。そうした憤慨は、前代未聞の政治的現象を目の当たりにしていながら、認めようとしない姿勢の表れである。今こそ彼らは目を開き、トランプ現象が消滅していないことを認めるべきである。この現象を支えるのは、彼の支持層の中でももっとも活発な少数派で、トランプの極端な言動や暴力への呼びかけに歩を緩めるどころか、自分たちの怒りをその中に見出す。彼の支持者層を団結させているのは、確固たる真実にノーを突きつける力だ。不信は絶対的信仰にまで高められ、政治家だろうと、メディア、知識人、研究者だろうと、誰も容赦せず、すべての者をトランプの火刑台送りにする。

トランプは法、規範、習慣に則った民主的枠内で統治するのではなく、不信につけ込む。

自らの「言説」の信頼性を「体制」不信の上に打ち立てるという逆説的な手法であり、不信のもたらす影響をさらに深刻化させようとする。選挙以降、トランプは絶えず戦ってきた。彼の在職中、政治は挑発と衝撃の連続と化し、それらが法令、宣言、あるいは単純なツイートとして現れた。イスラム教徒の移民禁止、シャーロッツヴィル事件後の白人至上主義の擁護、北朝鮮とのツイート合戦、警察によるアフロアメリカン、ジョージ・フロイド殺害を受けて起こった抗議活動を犯罪化させようという動き等々。

トランプはホワイトハウス入りすると同時に、群衆の恨みを煽り、性差別と外国人嫌いという古い悪魔を目覚めさせ、人口学上、社会学上、そして経済危機のあおりを受けて衰退したアメリカの側面に一つの顔、声、可視性を与えた。この瞬間を待ちわびていた野蛮で模糊とした力を野に放った。彼はこうしたことを、神経を逆なでするような歪んだ独特なやり方で実行した。復讐の欲望に身を焦がす群衆の中に身を投じ、彼らの興奮を煽った。憎悪を旗印とし、怒りをトランプというブランド名にした。大衆に及ぼす彼の力は道化師じみた様相を呈するが、これは劣った指導力の証などではない。トランプは必要不可欠な道化師なのだ。

私たちは往々にして、この常軌を逸した人物の求心力、そのメッセージの現代性、社会との共振、アメリカの過去を理解しきれていない。

トランプ現象は、不意を突いて権力を奪取した気の触れた者の話どころか、時代の真実を語っている。トランプの勝利は単なる選挙の突発事やアクシデントなどではなく、政治上未曽有の時代の始まりを告げている。彼がアメリカ大統領に就任して以来、この現象は世界規模で広がり、グロテスクな権力、すなわち様々な形の道化師の暴政に道を開いた。

本書では、二〇一六年のトランプの大統領当選から、イタリアの五つ星運動（M5S）と手を組んだマッテオ・サルヴィーニ率いる北部同盟〔現在では「同盟」〕の勝利、さらに二〇一九年のボリス・ジョンソンの首相就任まで、「グロテスクな権力」を体現する新世代リーダーの勃興の足跡をたどり、信頼性のある物語ではなくカーニバルの様態と様式を手立てに我が物顔に振る舞う、この新たな権力の原動力に光を当てる。

第一章　グロテスクな権力について

ミシェル・フーコーは一九七五年から七六年にかけてのコレージュ・ド・フランスでの講義で、「グロテスクな権力」についての仮説を構築した。一九七五年の時点で「グロテスクな権力」を語ったフーコーは、現代の私たちがドナルド・トランプの大統領当選以降目にしている一大絵巻にも似た理不尽と無能さを対象としていたわけではなかった。彼が「グロテスク」「不条理」という言葉を論じたのは、これらの語を使って国家元首を糾弾するためではなく、当時としては歴史の中にしか例を見なかったグロテスクな権力の合理性を理解するためだった。この合理性は、その言説と決断の非合理性を通して現れるという意味では逆説的である。フーコーは「私がグロテスクと呼ぶのは、ある言説や個人がその立場ゆえに、内在する性質によっては許されない権力の影響を有しているという事実である」と論じ、研究者クセノフン・テネザキスは「グロテスクな主権は、それを実行する者の無能さに反して起こるのではなく、まさにその無能さゆえ、そこから生じるグロテスクな影響ゆえに起こる」と分析した。

グロテスクな権力の系譜

テネザキスはエスプリ誌への寄稿の中で、フーコーの指摘を拡大して示した。「(トランプの大統領当選以降) 民主主義やアメリカが自らに課す責任の柱をなす方針とは相反する新たな決定が、毎日のように下されている。新たな不手際、新たな不祥事、新たな漏洩が明らかにされ、権力の中枢の混乱のほどを露呈させている。カーニバルのごときトランプ政権の様相を目にした者は、たいてい啞然とする。『彼はあれほど理不尽なことを口にし、常識や最低限の人道にさえもとる決定を下すこともあるのに、まだ権力の座に就いているとはどういうことなのか』と。フーコーの論理に従えば、むしろそれとは逆の問いを発せねばならない。(中略) 権力へとつながるグロテスクはどのように機能するのか、いかなる力をもたらすのか、と」

　フーコーを専門とするアリアンナ・スフォルツィーニは論文『真実の場面（*Les Scènes de la vérité*）』で、グロテスクな権力についてのフーコーの考察をまとめ、問題を提起した。「フーコーはグロテスクや理不尽の中に、歴史・政治分析の明確なカテゴリーを見出した」。このカテゴリーが表す力は、「この上なく滑稽で低劣な衣装をまとった権力により容認される」。そして「フーコーが権力と真実の場におけるグロテスクについて、さらに分析を推し進めなかったのは残念である。彼が一九七五年に端緒を開いたこの概念は、桁外れな政治的力を有している。というのも、それはとてつもない混乱と力が同居する権力の関係の中心に触れているからだ」

　さらにスフォルツィーニは、「権力がおぞましく、低劣でユビュ的、あるいは単に滑稽なものとして明示されてはいても、ここで重要なのは、権力には無視できない性質があり、不可避であることを、そして権力は実際に価値を奪われた者の手中にあっても、厳格に、暴力的な合理性の極限で機能しうることを、明確な形で示すことである」とフーコーの論を引用している。

フーコーは、グロテスクな権力とはその極端な力と必要不可欠な性質の表れだとしている。当時はこうした権力の例がなかったため、彼はローマ皇帝カリギュラから、「女のように、はたまた男のように性交し、（中略）体のあらゆる穴を使って放蕩をきわめた」ヘリオガバルス、さらに不品行な妻メッサリナに支配されたクラウディウス、臆面もなく男女と恥ずべき悪徳に走り、女装し、解放奴隷を寵愛したネロまで、グロテスクの系譜をたどろうと試みた。

フーコーによれば、こうした統治のメカニズムはすでに帝政時代のローマではありふれたものであり、「権力のあらゆる影響の原点や連結点が皇帝個人において、芝居がかったやり方で貶められていた」。彼は「ムッソリーニのような人物のグロテスクな権力の力学の中に完全に組み込まれていた」「権力は、芝居がかった衣装をまとい、道化師やひょうきん者として描かれる人物に発するというイメージを帯びている」[7]と論じ、自死の数時間前にトーチカに閉じこもって「食べきれないほどの」チョコレートケーキを所望したヒトラーにも言及している。[8]

ヒトラーにもムッソリーニにもグロテスクな面があったはずだと異論を唱えることもで

きるが、それは彼らの意図したところではなかった。彼らの権力はギリシャ・ローマ帝国の表象、記号、儀式を模倣し、個人管理を目的とする行政、警察、官僚のネットワークを通して力を行使していた。トランプやその仲間のでたらめなその場しのぎとはほど遠いのだ。

アルフレッド・ジャリのユビュ王からベルトルト・ブレヒトのアルトゥロ・ウイやチャップリンの独裁者まで、グロテスクは権力者を犠牲にして権力を行使してきた。グロテスクは、権力者が時に稚拙ながらも放とうと努める威厳をはぎ取って、これを非正当化しようとする。ブレヒトは、「アルトゥロ・ウイは、歴史上の有名な殺人者たちへの古くて不吉な敬意を打ち砕くために書かれた演劇的比喩だ」と述べているが、グロテスクな権利を主張し、手にする暴政にはこの手法は通じない。トランプとその一派はいかなる敬意の念も生じさせない。ザ・ニューヨーカー誌の一面に掲載された邪悪な道化師姿のトランプの風刺画を描いたイラストレーター、カーター・グッドリッチは、「彼をパロディー化するのは難しい。(中略)すでに彼自身が風刺画のように動き、話しているのだから」と述べている。すなわち風刺画も模倣も、道化師の人物に命中せず、空転するのだ。彼の権力は風刺にも喜劇にも動じない。というのも、彼自身が風刺であり、あらゆる形の合理性や専門知識の信用を貶めるソーシャルネットワーク上の様々な方法を駆使しながら、喜劇を演じるからだ。リアリティ番組は彼の実験室、嘲弄の現場であり、そこでは不信の力が絶対的に君臨している。

逆さまのカーニバル

マックス・ヴェーバーは政治的正当性の根拠を三つに分類し、これらは「正当的支配の三類型」として知られている。すなわち合法的支配、伝統的支配、カリスマ的支配である。[9] グロテスクな権力がどのカテゴリーにも属さないことは認めざるを得ない。合理的な性質の支配は、グロテスクな権力の無頓着さ、矛盾する命令、決定の不合理性を前に戸惑う。規則、風習、習慣を根拠にし、その継承を担う合法的権限、すなわち伝統的支配も、グロテスクな権力に動揺する。マックス・ヴェーバーが定義したカリスマ的側面は、個人の卓越した魅力と「元首を元首たらしめる非凡な美点、模範的特徴」をよりどころとしているが、グロテスクな権力はそうしたものを一切持ち合わせていない。グロテスクな権力においては、卓越した魅力を備えた元首ではなく、平凡な人間がソーシャルネットワークで喝采される。リアリティ番組やトークショーのピエロ人間であり、ソーシャルネットワークでたたえられ、電気が流れているかのような様子である。

トランプは物語や伝説を持たず、フーコーが書いているように「低劣な《アンファーム》」、すなわち「語るに値する」伝説を背負った偉大な国家元首なら備えているはずの「伝聞《ファマ》」を持たない主権者像を体現している。ツイッターであらゆるところに出現するが、その姿は、歯に衣着せず、あらゆる形態の権力の信用を貶める権利を我が物顔に行使するカーニバル王と重なる。アメリカの哲学者ノーム・チョムスキーは、「彼は文字通り、道化師だ。サーカスで活躍できるだろう」と述べたが、彼の活躍の場はむしろ、世界政治のなれの果て、カーニバルの中心にある。大統領に選出されたトランプは予想に反して、大統領然と振る舞うのではなく、一時的な熱中、気まぐれ、不条理な態度を示して大統領職を笑いものにした。その姿は、悪ふざけや紙吹雪の中でよろめくカーニバル王そのものだ。

ロシアの言語学者ミハイル・バフチンは『フランソワ・ラブレーの作品と中世・ルネッ

サンスの民衆文化』[10]において、カーニバルの精神は権力と民衆、高貴と野卑、上と下、知識人の洗練された言動と民衆の卑俗な言葉遣い等々、階層と価値観の全面的逆転であると論じた。

バフチンが分析したカーニバルの様態や儀式を考えてみるとき、脳裏に浮かぶのが、大衆的言語の発明、パロディーや反復法など修辞の技法——様々な単語、あだ名、支離滅裂、侮辱、身体イメージの誇張や歪曲——であるが、公的真実の否定やその世界観の排斥については、充分に語られてこなかった。こんにちでは、これを「ポスト真実」と呼ぶことができよう。実際、カーニバル的なものは、「嘘と真実、悪と善、闇と光、悪意と優しさの絶え間ない融合」を経ながら進んでいく。こうした意味の歪曲の働きは、世界とその言語の崩壊の表れである。王が選ばれ、力を持つ権威に取って代わるとき、カーニバルは最高潮に達する。

トランプ的リアリティ番組が再び上演され、彼を面白おかしく真似て、上と下、高貴と野卑、洗練と卑俗、聖なるものと世俗的なものが逆転する。権力と無権力の間に定められた規範や階層が否定され、品位ある所作が軽んじられ、卑俗さが主張され、容認され、勝利を収める。バフチンが指摘した民主主義のカーニバル的なものと人文主義の知のつながりは打ち砕かれた。道化師の暴政は、逆転したカーニバル的なものの一形式である。そのカーニバル的なものは高いところにいて、グロテスクの価値観を権力の頂点に据え、自らの正当性をソーシャルネットワークやリアリティ番組の上に築く。逆さまの事物のロジック、パロディーと歪曲、滑稽と恐怖が支配する不信の舞台が、カーニバル的なものである。

　トランプのツイート、フェイスブック上のサルヴィーニの投稿、ベッペ・グリッロのおどけた態度、ボリス・ジョンソンの冗談、ボルソナロの予言者めいた口調は、誇張、道化、グロテスクの上に築かれた「低劣な《アンファーム》」権力と結びついている。彼らの能力はグロテスクな比喩の世界、バフチンが体系化したスカトロジー趣味、性的な意味を含んだ文脈で発揮される。サルヴィーニは毎日ツイッターに食事の写真を投稿して食べ物を利用し、トランプは嬉々として「雌猫〔女性器の隠語〕」を語る。ＦＯＸニュースの大胆なジャーナリスト、メーガン・ケリーから女性差別的な発言を指摘されたときにも、経血に言及して彼女を侮辱した。国際関係では、罵り、侮辱、無礼が激増し、あらゆる外交上の慣行と対立した。金正恩とトランプは一転して「ラブレター」を交わすようになったが、それ以前の二人の罵り合い（「頭がどうかした者」「イカれた老いぼれ」）は伝説的だ。一方、ボリス・ジョンソンがフランス大統領フランソワ・オランドを「カポ〔ナチスの強制収容所で他の収容者の監督を任せられていた収容者〕」扱いし、フランス人は「小さな糞〔ろくでなし〕」「堆肥〔汚い輩〕」と言い放ったことは忘れられている。

グロテスクな権力の力学

政治的グロテスク――権力とそれを行使する者の能力の落差――は、権力の歴史におけるアクシデント的事象ではなく、権力を強化する一手段、一種の援護策と言えよう。フーコーはグロテスクの内に、「歴史・政治分析の明確なカテゴリー」、「この上なく滑稽で低劣な衣装をまとった権力により容認される」力を表現するカテゴリーを見、恐るべき洞察力をもって、これまで四年にわたりメインストリームメディア〔既存の大手マスメディア〕や民主党のエリートらが共有してきた幻影に対して警告を発した。こうした幻影は、「権力のメカニズムの本質を構成する歯車の一つ」であるグロテスクな権力の中に、「権力の歴史における突発事」「構造の欠陥」を見ようとする。
　グロテスクな権力とは、他の手段により信用を失墜させられた政治の継続である。無制限かつ無制御の、象徴としきたりを超えた権力を演出する以外、不信の上に立つ政治権力を体現する方法はない。フーコーによれば、グロテスクな権力はその極限の力、制御不能かつ不可避で必要不可欠な性質の表れである。「権力がおぞましく、低劣でユビュ的、あるいは単に滑稽なものとして明示されてはいても、ここで重要なのは、権力には無視できない性質があり、不可避であることを、そして権力は実際に価値を奪われた者の手中にあっても、厳格に、暴力的な合理性の極限で機能しうることを、明確な形で示すことである」。かくしてトランプは、合衆国憲法により自分は「あらゆる望み」をかなえる権利があると主張した。[11]
　フーコーは「王権の保持者、その他のあらゆる権力をしのぐさらなる権力を持つ者は、その人物、人格、物質的実在、服装、所作、身体、セクシュアリティ、在り方において、低劣で、グロテスクで、嘲笑すべき人物であった。(中略)グロテスクとは、専制的主権の本質的なプロセスの一つである」[12]と論じ、スフォルツィーニは「権力の下劣さはその影響を取り除くどころか、権力がグロテスクなほどその影響はより激烈で、圧倒的に働く。まさにユビュ王、低劣な主権者の驚異的な機能である」と分析した。

こんにち、この低劣な主権者の「巨大な」働きは、ソーシャルネットワークの力、ビッグデータやアルゴリズムの戦略的利用によりさらに強められている。道化師の暴政が権力を手にしたところでは、例外なく、グロテスクな権力とソーシャルネットワークの体系的利用、でたらめな逸脱と一連のアルゴリズムの法則が組み合わされている。

本書ではこの点について詳細に検証していくが、ここでは一例としてインド首相ナレンドラ・モディを挙げておこう。ツイッターで五一三〇万人のフォロワーを誇る彼は、政治家としてはバラク・オバマ（一億一〇五〇万人）、ドナルド・トランプ（六七一〇万人）に次ぐフォロワー数を抱えている。ル・モンド紙の特派員によれば、彼は早くも二〇一四年に選挙集会でホログラムを使い、３Ｄを駆使してインド各地に姿を現し、二〇〇九年にツイッターを始めると、票、とりわけ若者の票を集めるための武器として利用した。インドでは五億人がインターネットにアクセスでき、人口の半分が二五歳以下である。彼はツイッター以外にもインスタグラム、ワッツアップ、フェイスブック、ＹｏｕＴｕｂｅ、スナップチャットを使いこなし、自分だけに焦点を当てた独自のスマートフォン用アプリＮａＭｏも発表した。五年の間一度も記者会見を開かず、一か月に一度、ラジオ番組「マン・キ・バート（心からの言葉）」を通して、反論者不在のままヒンディー語でインド人に語りかけた。彼には、あらゆる批判の声を貶めるためのプロの荒らし《トロール》屋集団がついている。二〇一三年の選挙戦で彼の陣営で熱心に活動したある女性は、二〇一六年に出版した『アイ・アム・ア・トロール（*I am a Troll*）』の中で、首相にきわめて批判的な立場をとったために目をつけられたジャーナリストのリストを渡され、一年間、彼らを攻撃するよう命じられたと述べている。

道化師とエンジニア

アルルカンとピエロ（ひょうきん者と陰のある者）〔アルルカンは貪欲で抜け目なく、ピエロは無知でひたすら笑いものになる〕からオーギュストとホワイトクラウン〔オーギュストはあちこち動き回るボケ役、ホワイトクラウンはしっかり者のツッコミ役〕まで、道化師はつねに二人一組だった。喜劇の構造の中核をなすのが役割の二元性で、派手で時に良識に反する方が人々の注目を引き、みすぼらしく不器用な方が引き立て役となる。オーギュストは虚勢を張って人目を引くが、相棒のせいですべてが台無しにされそうになる。ホワイトクラウンの行動がひどい結末を呼び、笑いを誘う。一瞬にしてそれぞれの性格が変わったり、入れ違いになったりするが、巧みさとぎこちなさ、傲岸さと無邪気さ、賢さと狂気、真面目さと滑稽さの間で極性の緊張を保ち、笑いの絶えない急展開を盛り込んで、観客の注意を惹きつけておくことが肝心だ。

ソーシャルネットワークの勃興と共に、新世代の政治アドバイザーが登場した。すなわちＩＴ科学分野の博士であり、イタリアのジャーナリスト、ジュリアーノ・ダ・エンポリが同名のエッセイで「カオスのエンジニア」[13]と呼んだ一群だ。彼らにはインターネットの政治的可能性を引き出し、ソーシャルネットワーク上で生まれた怒りを投票にぶつける能力がある。いかさま的な扇動者の陰には、ＩＴ技術者が隠れている。

政治カーニバルという超モダンな場面において演じられるのは、嘲弄と専門知識の矛盾した戯曲であり、カーニバルの機能とアルゴリズム機能のシンクロナイズである。これをもって、グロテスクな権力を「権力のメカニズムの本質を構成する歯車の一つ」と定義することができる。グロテスクな権力は道化師と技術者の分裂した姿を取ることがある。一方では道化師が不信を煽り、もう片方ではソフトウェアが人々を動員するベクトルとして働く。一方は突飛で、もう片方は整然としている。道化師の裏ではソフトウェアが働いている。

カーニバルは一見雑然としているが、その下ではアルゴリズムが秩序正しく動いている。ここで結びつけるべき対象は、愚弄とコミットメントだ。愚弄は不信のベクトルであり、コミットメントはターゲットを細かく設定して怒りを票に変える。カーニバルには即興など一つもなく、厳密な法則に従っており、舞台裏では「コミットメント」の技術者たち、ビッグデータのマーケッターたちが忙しく動き回っている。

その典型が五つ星運動を作り出したベッペ・グリッロとマーケティングのプロ、ジャンロベルト・カサレッジオだ。グロテスクな権力はのし上がった先々で、必ず二面性を持つヤヌスの顔——道化師とIT技術者——をして現れる。ドナルド・トランプとブラッド・パースカル、ボリス・ジョンソンとドミニク・カミングズ、オルバーン・ヴィクトルとアーサー・フィンケルスタイン、マッテオ・サルヴィーニとルカ・モリージ——サルヴィーニのフォロワー三六〇万人がいるフェイスブック上のビッグデータ分析ソフト、ベスティアの開発者――、そしてボルソナロと彼の息子しかりである。

よきにつけ悪しきにつけ二〇世紀に名をはせた思想上の扇動者と区別するために、彼らのことを「ボルテックスミキサー扇動者」と呼んでもいいだろう。ボルテックスミキサーとは化学実験室で使われる道具で、液体を高速旋回して成分を攪拌する。これはもはや厳密な意味でのプロパガンダではない。というのも、プロパガンダは全人に無差別に働きかけるのに対し、ボルテックスミキサー扇動者はソーシャルネットワークを通して特定の人々にメッセージを送るからだ。こうしたメッセージは有権者とその要求の詳細なターゲット設定の上に成り立っており、ビッグデータが彼らを抽出し、アルゴリズムがプロファイル化する。ボルテックスミキサー扇動者の能力は、議論の説得力や妥当性よりも、ソーシャルネットワーク上でいかにインタラクティブな運動を推し進められるかにかかっている。彼は説得したり魅了したりするのではなく、アルゴリズムとビッグデータ経由の行動プロファイリングを通して機能するのだ。

第二章　ボルソナロ

神話2・0

ジャイール・ボルソナロが政権の座に就いた日、ブラジリアでは驚くべきことが起こった。彼の支持者たちが省庁の立ち並ぶ大通りの芝生の上に群がり、「ワッツアップ！　ワッツアップ！　フェイスブック！　フェイスブック！」と叫び始めたのだ。もちろん、支持者たちは、自分たちの候補者に勝利をもたらしたフェイクニュースの普及に一役買ったこれらのアプリケーションをたたえただけだったが、その喝采ぶりは呪術的思考の一形態を世に示した。この思考は一介のデジタルツールに暗い力を付し、熱烈な崇拝の対象、神話に作り変えるのである。

神話とは何だろう。ある対象（たとえそれがデジタルでも）に魔力をもたらす信仰ではなかろうか。ボルソナロ自身、支持者から生きた神話と考えられ、「ボルソミト（ボルソナロ神話）」と呼ばれている。彼が大統領就任式のため官邸入りすると、招待者たちは「神話！　神話！　神話！」と叫びながら彼を迎えた。

反対者たちは、「オ・コイゾ（モノ、あれ）」と詩情に欠ける呼び名を彼につけたが、これも政界のＵＦＯ的モノとしてのボルソナロ現象を指す命名であり――多くの人にとってこの現象は理解不能かつ言語道断だ――、実際に政治空間を、信仰が民主主義的熟議に取って代わる世界へと変容させた。ボルソナロとはいかなる神話なのか。そしてこの神話の裏には何が隠されているのか。

デジタルボルソナロ王国

「議会と施政の目的は、娯楽の生産である」とはボルソナロの言であるが、本人は熱狂する支持者たちには憎悪の叫び、反対者には落胆しかもたらさなかった。「彼はつねに使命について語る。彼は自身の神話を作り上げている」とリオ・ブランコ大学の政治学者ペドロ・コスタは解説する。家父長制的な神話と家庭という万神殿において、彼の息子たちは野蛮な半神のごとく臨し、何もかも思いのままだ。彼には娘も一人いるが、彼一流の優雅な言い回しによれば、「たるみの一撃」の残念な結果らしい。

彼は息子たちを一、二、三と番号で呼ぶ。「オ・ガロート（男の子）」こと長男フラヴィオは議員に選出された直後に、リオ・デ・ジャネイロのマフィアまがいの民兵との癒着疑惑が持ち上がった。この民兵は、二〇一八年三月一四日に起きた市会議員マリエル・フランコと彼女の運転手の暗殺事件の犯人である。「ピットブル」こと次男カルロスは一七歳のときからリオ・デ・ジャネイロ市議を務め、ソーシャルネットワーク上のプロパガンダに通じており（フラヴィオもソーシャルネットワークに数千万人のファンがいる）、ボルソナロ家のいわばヘルメス〔ギリシャ神話における神の伝令役〕的存在である。その下のエドゥアルド（三四歳）は、サンパウロ市で圧倒的な得票数で国民議会に再選された。ドナルド・トランプ大統領の元主席戦略官スティーヴ・バノンとニューヨークで密会したのは、ほかならぬこのエドゥアルドである。

つまり「ボルソナロ伝説」は空から降ってきたわけではないのだ。彼自身はテロで暗殺されかけて病室にこもりきりだったために選挙運動は一切しなかったが、彼に代わってフェイクニュースの仕組みが運動を展開し、次々と票を獲得していった。「メシアス（彼のミドルネームで、救世主の意）は集会で声をからさずとも、彼の反汚職のメッセージはワッツアップやフェイスブックのコミュニティを通じて、口コミで広がっていった。「ボルソナロ伝説」はソーシャルネットワークの祝福を受けた。このとき彼を支えたのが、パウロ・グエデスと、ドナルド・トランプの参謀だったスティーヴ・バノンのアドバイスだ。前者は「シカゴボーイズ」〔一九七〇・八〇年のチリ経済学者グループ。アメリカの経済学者で新自由主義を代表するミルトン・フリードマンの流れを汲む〕の洗礼を受けた新自由主義者《ネオリベラリスト》で、ボルソナロ政権下で財務相に就任した。後者は選挙の魔術師とも呼ばれ、フェイクニュースを駆使して、不信という鉛を票という黄金に変える手腕の持ち主だ。

サンパウロの日刊紙フォーリャは、選挙期間中複数の企業が、ソーシャルネットワーク上で労働者党（PT）に敵対的なメッセージを流布させるための資金援助をしたと報じている。ブラジルでは私企業による選挙戦への資金援助は違法とされているが、それでも二度にわたる投票の前週には、大規模な不正行為が横行した。

最高一二〇〇万レアル（二八〇万ユーロ〔約三億三八〇〇万円〕）に上る契約が功を奏し、数億通ものメッセージがワッツアップ経由で有権者に送られた。この作業を担ったのが、クイックモービル、ヤコウズ、クロックサービス、ＳＭＳマーケットといった専門エージェントだ。メッセージはＰＴ候補者フェルナンド・アダジを、学校で同性愛を奨励していると糾弾し、ＰＴに投票すれば、職や選挙権を失う危険があると警告した。選挙戦終盤に行われた調査では、ボルソナロ支持率は四〇パーセントから四六パーセントに上昇し、彼に有利な波が起きていることは明らかだった。

ブラジルのエッセイスト兼ジャーナリストのエリアーネ・ブルムはエル・パイス紙のコラムに、「ドナルド・トランプは不愉快な質問を投げかけるジャーナリズムの媒介を排除するため、有権者とのインターネット経由のコミュニケーションを構築したが、トランプファンを名乗る彼［ボルソナロ］はブラジルでさらにこれを推し進めた」と書いた。ブラジルは、ブルムが「デジタルボルソナロ王国」[14]と呼ぶ、新たな形の独裁主義の実験室となった。

マルクスは、思想は大衆を支配するときに物質的な力になると論じたが、現代ではフェイクニュースが思想に取って代わり、ソーシャルネットワークを通して大衆を支配する。「ボルソナロ伝説」はソーシャルネットワークの中に、集結させる力を増幅するエコシステムを見出した。というのも、ソーシャルネットワークでは現実とフィクション、真実と嘘が互換性を持つからだ。

ボルソナロ派は、ソーシャルネットワーク上でなら、言葉に自分たちに都合のいい意味を付せられると悟った。ベラルーシ出身のアメリカの著述家エフゲニー・モロゾフは、「オンライン広告の支配を受ける経済は、独自の真実論を作り出した。もっとも人々の注目を引くものこそが、その真実である」と論じた。嘘がまかり通るからといって、真実が禁じられたり排除されたりするわけではなく、その未分化性が基本原則となったのである。真実と嘘、現実とフィクション、オリジナルとパロディー、正常と病気。座標軸を奪われた真実。「言葉は内容、歴史、コンセンサス、矛盾や口論さえをも失い、叫び、荒々しい力となった」とエリアーネ・ブルムは論じている。

発言は道義的・政治的規範や倫理（人権）から遠ざかれば遠ざかるほど、信憑性、誠実さ、率直さを増す。真実と虚偽、現実とフィクションが混じり合う模糊としたデジタルの世界では、どのように民主主義と独裁主義を見分けられるのだろう。

イスラエルの極右の大臣アイイェレット・シャケッドが前回の選挙戦で示した例は、非常に示唆に富んでいる。彼女は香水の宣伝を真似て、動画の中でモデル役を演じ、ある香水の素晴らしさをアピールした。その香水の名は最後に明かされる。すなわち「ファシスト」である。宣伝の最後に、彼女は瓶を手に取り、香水をつける。スーツに身を包んだ極右のイスラエル女性政治家は、「私にとって、これは『民主主義《デモクラシー》』と同じ香り」とでも言いたげだ。この挑発的な動画はソーシャルネットワーク上でバズり、ファシズムと民主主義の差異をぼかした。これはあらゆる自称「ポピュリズム」の伝説の原動力だが、神話のもとでいかなる社会的、政治的変化が進んでいるのだろう。

ボルソナロ伝説の漠たる領域

人類学者ロザナ・ピニェイロ＝マシャドは二〇〇九年以降、ブラジルでいかに政治経済のシナリオが個人に影響を及ぼしているか、そしてそれに対して個人が「ルラ主義からボルソナロ主義」へと鞍替えすることで、どのように重要な政治的瞬間を作り出しているかについて研究した。調査に際し、彼女がポルト・アレグレを選んだのは偶然ではない。

左派として知られるこの都市では世界社会フォーラムが開催されたこともあるが、最貧の四地区も含めて二〇一八年にはボルソナロ支持に回った。[15]

マシャドによれば、二〇〇二年にルラが大統領に選出されると、ブラジルは新時代を迎えた。新時代の大きな特徴は社会的、経済的インクルージョン〔様々な差異への排除や差別を取り除き、対等な関係と社会への包含を目指す姿勢〕政策を通じた最貧層の底上げだ。おかげで四〇〇〇万人が中産階級入りを果たした。「この数字に異論の余地はあるものの、庶民層の生活条件、とりわけ資産と権利を獲得する機会が劇的に変化したことは事実だ」とマシャドは述べている。この「消費によるインクルージョンシナリオ」は経済発展を促し、ブラジルは信頼できる新興パートナーとして世界に躍り出、二〇〇八年の経済危機にも耐えた。

しかしマシャドは、このシナリオゆえに、労働者党の社会政策の恩恵を受けて貧困から脱した者たちの間に消費志向のイデオロギーが広がったと指摘する。彼女によれば、彼らはその歩みにおいて、個人の長所と最終財〔消費者が生活において使用する物資〕の獲得を重視し、より広くいえば、政治運動や市民の社会参加よりも個人主義に価値を見出すようになった。[16]

ルラが語る継続的成長シナリオを前提とする物語は、大衆に向かって「豊かになれ」と呼びかける一方、彼の主導する政府は、超富裕層の特権や汚職で貯めた資産には手をつけなかった。二〇一三年にブラジルが危機に見舞われると、この壮大な物語は崩壊し、従来の政党や民主主義システムを巻き込んだドミノ現象が起こり、民主主義的、宗教分離的、人文主義的「価値観」の危機が勃発した。

「ルラ主義」により開かれた突破口は閉じられた。それは二〇一三年三月にブラジルを襲った大々的抗議運動からも明らかで、マシャドはこの運動をフランスのイエローベスト運動にも比すると述べている。抗議運動は当初路線バスの料金引き上げに反対してポルト・アレグレで勃発し、次第に全国に広がって一〇〇万人を動員した。さらに二〇一四年のFIFAワールドカップ開催が、厚生や教育面での必要性に比較してあまりにコストが高すぎるとして、標的にされた。

二〇一三年六月の抗議運動は、その後の五年にわたる「歴史的混沌」の序章であり、この転換期を通して、ボルソナロ現象（ボルソナロ自身ではない）が生まれ、発展したのである。ルラがもたらした「新興」という壮大な物語が崩壊し、ボルソナロ・シナリオが信頼のおける政治的選択、そして代替の物語として登場した。ほぼ二五年間下院議員として、ブラジル政界の二軍、国会の「下位聖職者」の一種の「道化師」役で満足していたボルソナロは、一躍表舞台へと躍り出たのである。

ボルソナロは二〇一三年には支持率を七パーセントにまで伸ばし、同年、グーグルでもっとも検索された人物の一人となった。二〇一六年のジルマ・ルセフ大統領の罷免後には、支持率は七パーセントから一七パーセントまで上がり、その後とどまるところを知らない。腐敗を糾弾された政治システムは崩壊し、ボルソナロはそれに代わる過激な選択肢として台頭した。二〇一三年から一八年にかけ、彼はもっともテレビ番組に呼ばれた政治家となり、三三の人気番組に出演して、メディアで一大ブームを巻き起こした。

3B=弾丸《ボール》、聖書《バイブル》、牛肉《ビーフ》

大統領就任以降、ボルソナロはツイッターを通して国を統治し、絶え間なく論争を引き起こし、ブラジル社会を分裂させている。

彼は手本と仰ぐトランプと同じく、挑発を武器に報道の内容やタイミングを支配する。

二〇一九年三月三一日、ブラジルを二一年間の軍事独裁体制に投げ込んだ一九六四年のクーデター五五周年を兵舎で「しかるべく記念」するよう軍に命じたのもその一例だ。二〇一六年四月に下院でジルマ・ルセフ大統領（ゲリラ兵だった彼女は、軍により拷問を受けたこともある）の弾劾採決が行われた際には、ボルソナロは、彼女を直接拷問したカルロス・アルベルト・ブリリャンテ・ウストラ大佐を「偲んで」票を投じた。ボルソナロの英雄ウストラは、独裁政権におけるもっとも残忍な拷問者の一人であり、幼児たちに母親が痛めつけられ、裸にされて拷問を受ける姿を見せて圧力をかけた張本人でもある。二か月後、ボルソナロはラジオ局ジョーヴェン・パンで、「殺さずに拷問したのは独裁政権の間違いだった」と堂々と述べた。以降、ボルソナロ支持者は拷問者の写真が印刷されたTシャツを着るようになった。

ボルソナロはウルグアイとチリを公式訪問した際に、それぞれの国の独裁者アルフレド・ストロエスネル（一九五四‐八九年）と、アウグスト・ピノチェト（一九七三‐九〇年）に賛辞を贈った。だが独裁政権時代の犯罪が罰されたこの二か国とは違い、軍事政権時代の犯罪が罰されないままのブラジルは一種の集団記憶喪失に陥っている。フェルナンド・

エンリケ・カルドーゾ大統領時代（一九九五‐二〇〇三年）に人権大臣を務めたパウロ・セルジオ・ピニェイロは、「これが市民に支持された、共産主義との闘争の名を借りた軍事クーデターであることに、疑いの余地はない」と明言している。

ブラジルの真実究明委員会によれば、同国の軍事政権時代、四三四人の反対者が殺害され、不法拘留と拷問は数百件に上るという。こうした背景にもかかわらず、議員となったボルソナロは数年間――とりわけクーデター五〇周年に当たる二〇一四年――、三月三一日を記念して、発煙筒を手に国防省の前に陣取った。イスラエルを公式訪問した際にも、「ナチズムは左派のイデオロギーだ」と述べて招待者側と衝突したが、このことからもわかる通り、彼にとって歴史的真実など何の意味もない。

ラテンアメリカ最大の経済大国は、今やボルソナロ主義の「信者」たちの怒号に支配されている。この世俗的宗教は格付け機関とＡＡＡだけでなく、「ＢＢＢ」にも服従している。すなわち牛肉《ビーフ》団体のロビイスト、銃携帯の熱狂的支持者（弾丸《ボール》）、そしてペンテコステ派の信者（聖書《バイブル》）である。この世俗的宗教には信仰上の信条はなく、代わりに不信がある。汚職で糾弾される政界全体を揺るがす不信である。ボルソナロ主義の信者は、彼に真実ではなく率直さを期待している。いかなる倫理的、政治的タブーとも無縁の率直さであり、禁止事項も一切ない。

「ボルソナロ現象が国にとってあれほどの破壊的可能性を生み出さなければ、それはそれでなかなか興味深いテーマの一つだろう。ジャイール・ボルソナロは自身をはるかに上回る現象の権化であり、これを利用している」とエリアーネ・ブルムは書いている。

民主主義国家を蝕む不信のスパイラルは、神話の貪欲な力に道を開いた。なぜなら、神話は物語ではなく、共同体の団結への呼びかけであり、人々を招集する力であり、物語を持たない人々を集結させる集団的な夢であるからだ。共同体の神話の成立過程で、消滅した何かが亡霊のごとくよみがえる。神話は何も隠すことなく、復活させる。ドナルド・トランプは選挙戦で、「アメリカンドリームは死んだ。私が当選したら、これを復活させよう」と叫んだ。失われたアイデンティティの力は神話と共に戻ってくる。主権を有する英国はEU離脱と共に、より偉大なアメリカはトランプと共に戻ってくる。

ボルソナロが大統領に就任した日、彼に近い政治ブロガー、フィリペ・マルティンスは、「新たな秩序が生まれた。すべては我々のものだ。デウス・ウルト」とツイートした。「デウス・ウルト」とは第一次十字軍で叫ばれたラテン語のスローガンだ。ボルソナロから外交担当の特別顧問に任命された彼は、第二回投票時でさらに踏み込んで、「新たな十字軍が結成された」と叫んだ。

この十字軍を現実のものとするため、ボルソナロは一般的ブラジル人の大敵である「浮浪者」像を作り上げた。「浮浪者」は典型的な社会のはみ出し者、貧者、黒人、ドラッグの売人で、さらに異性装者、同性愛者、北東部の住人、あらゆる分野の活動家、フェミニスト、大学人、一言で言えば、伝統的家族の安定を脅かすあらゆるタイプの人間を指すようになった。

ボルソナロの台頭を促した偏向的思考は、右派と左派だけでなく、ジェンダーをめぐる対立も深刻化させた。ロザナ・ピニェイロ＝マシャドによれば、「男性ジェンダーの危機」と経済危機は分かちがたく結びついている。「男性性はフェミニズムの新たな主張と、経済危機から来る困難という二重打撃を受けた。若い女性が政治を語る奇妙な世界において、ボルソナロは男性の権威を復活させ、方向性を見失った世界に秩序を取り戻すことのできる好戦的な人物なのだ」

マシャドがポルト・アレグレで行った調査では、ボルソナロ現象は選挙の数週間前に拡大したことが明らかになった。「集団熱狂」現象が、無秩序に膨張したのだ。民俗学者たちが調査を通して得た「なぜボルソナロに投票するのか」との質問への回答は、非合理的なものばかりだ。曰く、家族のため、神のため、腐敗が原因、犬のため。つまり何でもありなのだ。これはきわめて感情的かつ伝播性の高い過激化運動であり、ソーシャルネットワークにより増長している。

政治のカーニバル化とカーニバルの政治化

調査では、ボルソナロの発言の中でももっとも議論を呼んだものをつなげた動画を高校生たちに見せた。動画が終わると、高校生たちは笑って拍手した。なぜ彼らは笑ったのか。「彼はクールだから。彼は神話で、面白いから。思ったことを口にするから」というのが主な理由だ。ボルソナロが憎悪を煽る発言をしていることを否定する高校生もいた。ある一六歳の男子の、「彼は憎悪を煽る発言など一つもしていない。自分の意見を述べて、真実を言っているだけだ」との言葉は、一般的な見方を代表している。ボルソナロへの投票は、挑発、ゲーム、体制への報復、愉快なチャレンジに似ている。「だまされない者はさまよう」とのフランスの哲学者ジャック・ラカンの言葉は、ソーシャルネットワークの掟となり、今や彼らはボルソナロやトランプに投票するに至った。

ボルソナロ神話には二つの顔がある。一つは過去の軍事独裁政権に目を向け、権威の「真面目な」面、スローガン、旗を誇示する顔。もう一つは未来を向き、ツイッターを通して統治し、ソーシャルネットワークで力強さにあふれる理想型を演じる顔。逸脱、衝突、誇張が横行し、愉快で若者のようだと容認される。

ボルソナロが原始的なファシスト的発言をすれば、それがいくら過激であっても、喝采され、ソーシャルネットワーク上で害のない容認可能なものに変わる。ソーシャルネットワークという領域では政治的、倫理的判断が一時停止したかのように、憎悪が許容される。あらゆる極端なものはデジタル洗礼を経て相対化され、信憑性、誠実さにより正当化された「何でも言う」のルールに従う。

だがインターネット上の暴力が無害なわけではない。というのも、ファシズム2・0は神話の純粋なる精気の中で溶解しないよう、本物の殺人を必要とするからだ。マリエル・フランコ殺害や、LGBTを標的とした多くの暴力事件もこのことを物語っている。エリアーネ・ブルムはエル・パイス紙で、「今年に入ってから一〇〇日間で起こった国家の治安当局のメンバーによる暴力事件」に懸念を表明した。「グァラレマ（サンパウロ州）での軍警察による一一人の容疑者の処刑、リオ・デ・ジャネイロで兵士が家族の乗った車に八〇発も発砲した事件」などがその一例だ。政府は彼らに殺しのライセンスを発行し、ブラジル人に対する戦争を奨励し、容疑者を殺害する警官を賞賛し、銃の自由販売を許可している。ホームレスに対する暴行も深刻で、三か月間で少なくとも八人のホームレスが焼殺された[17]。

現代において、『独裁者』でチャップリンが演じたようなファシズムやナチズムのパロディー表現はずっと難しい。というのも、ボルソナロのファシズムも、トランプやサルヴィーニの過激な言動も、それ自体がパロディーだからだ。それらは暗示的に皮肉の混じった真実と虚偽、合法と非合法、オリジナルとコピーの逆転の形を取る。ソーシャルネットワークの世界で避けるべきは、否定されることではなく、無視されることなのだ。

これこそが、ブラジルで独特の形を取った政治のカーニバル的なものの掟である。政治が誇張と歪曲の姿を取ってカーニバル化する一方、カーニバルは社会的、性的、人種的マイノリティの権利をめぐって政治化する。政治のカーニバル化対カーニバルの政治化である。

社会学者エリック・ファッサンはブログで、「今年のカーニバルは大統領の人種差別的、男性優位論的、同性愛嫌悪的発言に正面から異議を表明した」「サンバスクールのマーチでは、マリエル・フランコに敬意を表したマンゲイラ・チームが優勝した」と述べた。フランコはリオ・デ・ジャネイロ市議会議員で、マイノリティの権利を積極的に擁護した運動家だったが、その約一年前の二〇一八年三月一四日に殺害された。カーニバルでは、ブラジルを形作ってきた様々な支配の歴史も表現された。奴隷制度（一八八八年に廃止）を想起させる山車もあれば、独裁政権（一九六四‐八五年）をイメージさせる山車もある。「そのため、ジャイール・ボルソナロはツイートで応酬を試みた。奇妙にも、彼がモデルとするドナルド・トランプに呼応するかのようにゴールデンシャワー（他人に放尿する男性）の動画を拡散したのだ」[18]

「誰も祭りを止められない！」

偶然のタイミングと言おうか、サンパウロでコロナウィルスのゼロ号患者〔最初の患者〕――イタリア渡航歴のある男性――が確認されたのは、ちょうどカーニバルがたけなわの頃で、通りは一〇〇万人の人々で埋め尽くされ、押し合いへし合いの波が起こっていた。カーニバルのグループのメンバーは「すべてはよくなる。誰も祭りを止められない！」と語ったが、すでに三九〇四人の感染者と一〇一人の死者が出ていた。

保健相ルイス・エンリケ・マンデッタは、伝染病を食い止める唯一の方法、すなわち厳格なロックダウンを呼びかけたが、ボルソナロにとってはウィルスなど「単なるインフルエンザ」程度でしかなかった。四月中旬には、一部の病院の受け入れ能力が限界に達した。ドイツの四倍もの広さのアマゾナス州に病床は五〇しかない。同じ時期、ボルソナロは自ら群衆の中に入っていき、そうした場面の写真がツイッター上で出回った。またニュースサイトのメトロポールは、彼がブラジリアの湖でジェットスキーを楽しんだとも伝えている。その後状況が悪化の一途をたどる中、ボルソナロは保健相更迭を決め、二〇二〇年五月初旬、ブラジルの死者数は一万人を超えた。

数州の自治体は移動の禁止、商業施設の営業停止、大々的ロックダウンなどの行動制限を実施したが、ボルソナロはこれを批判した。三月二五日には「州と市町村は焦土作戦などという考えを放棄すべきだ」と述べている。

新たに就任した保健相はわずか四週間で離任し、その後任者はクロロキンに命運を託した。ボルソナロはクロロキンを「奇跡の特効薬」と呼び、九三歳の母のために「小さな一箱」を常備していると述べた。彼の用心は妥当だった。というのも七月上旬、自身が感染したことを発表したからだ。

病院では人工呼吸器、人工蘇生室の病床、治療者の防護装備が不足していたが、ボルソナロはそんなことにはお構いなしに、毎週行っているフェイスブックの生中継で支持者に、自ら病院に行って本当に病床が不足しているかどうか見てみよと呼びかけた。

感染者数や死者数が増えれば増えるほど、ボルソナロの拒否姿勢は頑なになっていった。コロナの感染カーブが跳ね上がると、その公表を廃止したが、元保健相ルイス・エンリケ・

マンデッタは「公表しないということは、国はウィルスよりも有害であることを意味している」と批判し、ジルマ・ルセフの左派政権（二〇一一－一六年）下で通信省事務官を務めたトマス・トラウマンは「これではパラレルワールドを作り出すようなものだ。タイタニック号の運航会社が『多くの人を救出した』と言うのと変わらない」と述べた。保健相は公式サイトで毎日のデータを公表していたが、そこに使われていた図表は、回復者数が大きな字で、死者数はずっと小さな字で示されるという特殊な様式だった。最高裁判所長官を務めたジルマール・メンデスは、#CensuraNao（検閲にＮｏ）、#DitaduraNuncaMais（もう二度と独裁政権を許さない）のキーワードを添えて、「統計の改竄は全体主義体制の常套手段だ」「（政府は）いかにこうした不正に走ろうと、大量虐殺とも言うべき行為の責任を免れえない」とのメッセージを記した。

ボルソナロは「間違っているかもしれないが、私が入手した情報によれば、人工呼吸器や集中治療室の病床不足で命を落とした人はほとんどいない」と主張した。その後ブラジルは死者四万人、感染者八〇万人を突破し、アメリカと英国に次ぐコロナ感染者最多国となった。

第三章　「道化師ボジョ」と魔術師

二〇一九年一二月一二日の総選挙でボリス・ジョンソンは歴史的勝利を果たし、英国のＥＵ離脱をめぐる一連の政治ドラマに終止符が打たれ、メディアから「道化師ボジョ」とあだ名された男は首相の座に就いた。この勝利は多分に彼の上級顧問ドミニク・カミングズに負っている。ＥＵ離脱運動「ヴォウト・リーヴ」の参謀を務めたカミングズは、国家機構の中心に収まった。

ＥＵのパートナー国をたびたび挑発し、自らの所属する党から二一人もの議員を追放したボリス・ジョンソンは、この勝利の張本人《アルティザン》というよりも、花火師《アルティフィシエ》のような存在だ。彼は造反議員に対抗して、エリザベス女王に上院下院の開会見合わせを提案したため、最高裁判所はこれを違憲と判断し、見合わせが見合わせとなる事態となった。

　ボリス・ジョンソンは二〇一九年七月に首相に任命されて以降、「ゲット・ブレグジット・ダン（ＥＵ離脱を果たそう）」と叫び続けた。二〇二〇年一月三一日、選挙を終えたばかりの庶民院は、二〇一九年秋にジョンソンとＥＵ二七か国間で交渉されたＥＵ離脱条件を承認。首相は強権政策で孤立するどころか、利を得た。強権政策で彼の反対勢力は解体され、支持層が勢いを得、最後には投票バランスが支持に傾いた。ものを言ったのは、彼の政策への賛同というよりも時勢だ。ＥＵ離脱《ブレグジット》は「離脱実行者《ブレグジッター》」を待っていたのだ。

　こうして、あちこちに罠が仕掛けられたＥＵ離脱という微妙な駆け引きは、ボリス・ジョンソンの手にゆだねられた。彼は無分別で失言が多いことで知られるが、この駆け引きを引き受けることを望んだ唯一の人物でもある。政界の扇動家は、多数派を切り札にして、ヨーロッパ大陸から逸脱し始めた王国の手綱を握った。

キーボード世代のモンテーニュ

今や政界の中心にはＥＵ離脱を担う奇人がいる。コメンテーターの目には、「道化師ボジョ」が戦略家に変身したように映ったが、実際は自然にそうなったわけではなく、舞台裏では魔術師の存在が必要とされた。ボリス・ジョンソンの新たな助言者としてメディアから注目を浴びたのが、ドミニク・カミングズだ。

王の助言者という神話は昔から存在したが、国家主権が危機にさらされる時代においては、新たな意義を担っている。国家元首が無力に見えれば見えるほど、助言者が権力を手にしているように見える。コメンテーターにとって、カミングズはおあつらえ向きの人物だ。彼は選挙戦参謀や広報担当者の地位には収まりきらない、存在そのものが謎の人物だった。

二〇一六年以降、英国の政界は漂流状態にある。ブラウン運動〔液体や気体中に浮遊する微粒子がランダムに運動する現象〕に影響されたかのような世論は、選挙社会学を凌駕し、調査会社の予想を裏切った。大衆の怒りの原動力はあまりに強力で、情勢が理性を圧倒しているかのように見えた。

天性の魔術師は危機の時代に触発される。この点、カミングズのバックグランドは堂々たるもので、参謀を務めた二〇一六年のＥＵ離脱運動の勝利から、二〇一九年七月のダウニング街の首相官邸入りまで、その経歴は新たな政治サイクルとぴたりと呼応している。負け知らずで来た彼は、どんな戦いでも勝利を収めた。

造反で保守党から除党処分を受けたドミニク・グリーヴは、「ボリス・ジョンソンに代わって、カミングズが国を治めているかのようだ」と憤りを見せ、ロンドン大学クイーン・メアリー校で政治学を教授するティム・ベールは、「今までにも助言役と親密な首相はいた。だが彼ほど大臣職を操っているように見える者はいない。（カミングズは）あたかも副首相のように振る舞い、英国は選挙で選ばれなかった者の統治を受けているかのようだ」[19]と危機感を示した。

ＥＵ離脱に反対するデモのプラカードには、金髪で腹の出た首相を糸で操る人形使いのカミングズの風刺画が描かれた。ガーディアン紙は彼を「ダウニング街の新たな闇の王子〔一九八〇年代のアメリカのホラー映画『パラダイム』の原題にちなんだ呼び名〕」と呼び、「その陰険な手腕は瞬く間に誰もが知るところとなった」と書いた。二〇一九年九月には、ジャーナリストのアンドルー・グリーンウェイと研究者アンドルー・カカバッセが上級官僚向け定期刊行物シビル・サービス・ワールド誌の中で、「彼はインターネット時代のラスプーチン〔二〇世紀初頭、帝政ロシア末期の祈禱僧で、帝室から信頼を得、政治を操った〕になるだろう」と予見している。同誌はカミングズを、ダウニング街一〇番地の「スヴェンガーリ」と呼んだ。これはフランス出身の英国の漫画家ジョージ・デュ・モーリアの小説『トリルビー』に登場する催眠術師の名で、現在では人心を操る者の代名詞ともなっている。左派の週刊誌ザ・ニュー・ステーツマンは、彼のことを「現代ルネサンスの人物」「キーボード時代のモンテーニュになりうる者」と呼び、早くも二〇一三年に「ドミニク・カミングズは天才か脅威か」[20]と題した記事で彼を扱ったガーディアン紙のジャーナリスト、パトリック・ウィンターは、「彼は錯乱しているか、無能か、優秀かのいずれかだが、きっとそのすべてを少しずつあわせ持っているのだろう」と述べている。

二〇一九年七月にボリス・ジョンソンが首相に就任したときのカミングズの服装は、大きな反響を呼んだ。ダークカラーのスーツを着用した新内閣の大臣や参事官の横で、彼はびっくり箱から出てきたおもちゃのように、シワの寄ったTシャツと、トランクスが見えるほどの腰穿きジーンズ姿で現れたのだ。

一風変わった服装でダウニング街一〇番地に登場した彼の写真は世を駆けめぐったが、首相担当のジャーナリストたちはこの特別顧問の型にはまらない身なりにも驚かないようになった。彼はもっぱらバスケットシューズを履き、アディダスのフード付きスウェットシャツやキルティングベストを好み、前開きのシャツにはいつもシワがある。ある論説委員は、「洗濯機か乾燥機から出てきたみたいだ」と揶揄した。ニット帽もお気に入りで、穴の開いたセーターを着たときには、カメラマンが大喜びした。

これはファッションの趣味というよりも、人物像の構築に関わっている。カミングズは非順応主義者、知と奇天烈さをあわせ持つ魔術師のイメージを定着させ、因習や既成の秩序めいたあらゆるものを尊大に軽蔑する態度が、一匹狼的なエネルギーをさらに強めている。

彼が達成した大仕事はＥＵ離脱運動の成功だ。離脱は彼にとっての十字軍運動、強迫観念であり、官邸入りするや、ＥＵとの協定締結期日までの秒読み時計を設置させたほどだ。

ＥＵ離脱運動のスローガン「テイク・バック・コントロール（コントロールを取り戻す）」を考案したのも、毎週三億五〇〇〇万ポンドが英国からヨーロッパに流れているとのフェイクニュースを流布させたのも、カミングズだ。だが何よりも重要なのは、浮動票を離脱派に引き込むためのメッセージを何百万人もの有権者に送るのに、フェイスブックの貴重なデータを初めて駆使した点だろう。これはアルゴリズムが勝利を収めた初めての選挙戦であり、ケンブリッジ・アナリティカ事件へと発展していくことになる。

ドミニク・カミングズは最高六七万五〇〇〇ポンドに設定された選挙費用が超過したこと――恣意的な選挙法違反――を説明するために議会に召喚されたが、無造作に拒否した。その代わり、悪びれもせずに「選挙戦に採用されたソフトウェアの責任者がバスにひかれていたら、英国はEUにとどまっていただろう」とツイートした。ガーディアン紙記者キャロル・カドワラドルはこの件について、「ここ一世紀最大の選挙法違反」とツイートした。

説明を求めるべくカミングズをデジタル・文化・メディア・スポーツ省の議会委員会に召喚した労働党議員のイアン・ルーカスは苦々しく、「『ヴォウト・リーヴ』の中心で不正を働き、違反行為をした人々が、今度は国を率いている。議員として私は自分の無力さを痛感している」と述べた。

アンナ・カレーニナ、ビスマルク、数学者

本書執筆からさかのぼること一年、チャンネル4でTV映画『ブレグジット EU離脱』が放送され、ドミニク・カミングズの存在が知られるようになった。『フィフス・エステート／世界から狙われた男』のジュリアン・アサンジ役や『イミテーション・ゲーム／エニグマと天才数学者の秘密』のアラン・チューリング役を演じたベネディクト・カンバーバッチが、知性と自信にあふれ、政界にUFOのごとく出現し、ウルトラリベラル（超自由主義）でありながら嫌ヨーロッパの精力的なカミングズ役を演じた。

カミングズは従来の右派・左派の分け方ではとらえきれない人物だ。チェスボードと言った方がいいかもしれない。瞬間的に顔を使い分け、ナイトになったかと思えばビショップになったり、キングになったりして、勝利が確定した瞬間に勝負を切り上げることを知っている。実際、二〇一六年の国民投票後には公的な場を去り、二年間赤ん坊の世話をしたり、量子力学の本や軍の戦術論やトルストイの小説を読んだりして過ごした。

ボリス・ジョンソンが二〇一九年七月に首相に就任した数日後、BBCのジャーナリス

ト、マーティン・ローゼンバウムはインターネットサイト、アマゾンで意外な経験をした。本を検索していた彼は、アマゾンから二冊の本を提案された。一冊はドストエフスキーの有名な小説『カラマーゾフの兄弟』で、もう一冊はノーベル物理学賞を受賞した素粒子物理学を専門とするマレー・ゲルマンのエッセイ『クォークとジャガー　たゆみなく進化する複雑系』だ。単純と複雑への旅とも言うべきクォーク理論とドストエフスキーの小説の間にどんな関係があるのだろう。実のところ全くない。ドミニク・カミングズがリコメンドした本、という以外は。

アマゾンのアルゴリズムがオーソドックスとは言いがたいカミングズの選択を拾ってくるくらいだから、彼のリコメンド力は相当なのだろう。パトリック・ウィンターはガーディアン紙で、「アンナ・カレーニナ、数学、ビスマルクは彼の三つの強迫観念だ」[21]と述べている。

カミングズはT・S・エリオットの詩もお気に入りらしく、『空ろな人間たち』の一節「形のない輪郭、色あせた陰、動きのない仕草、麻痺した力」[22]を引用して、保守党議員を非難したこともある。

元首相で物静かな保守党員ジョン・メージャーは早いうちから、「政治の空気を毒するアナーキスト」[23]と彼を断じ、排除を呼びかけた。カミングズは教育省顧問を務めたこともあるが、そこでも一騒動起こして、二〇一四年には公務員が政府に大反発し、当時首相だったデイヴィッド・キャメロンは彼のことを「プロのサイコパス」と呼んだ。これに対しカミングズはビスマルクの一節を引用して、キャメロンのことを「謎なきスフィンクス」と呼んだ。

内閣は議会で過半数の議席を獲得し、彼の言葉を借りれば、「短期的には支持率低下の恐れはない」と思われた矢先、カミングズは新たな戦いに挑んだ。敵は高級官僚である。彼はすっかり有名になった自分のブログに、首相官邸にはデータを専門とする科学者、ソフト開発者、経済学者はもちろん、「変人やはみ出し者」「社会不適応者」も入れて、公務員制度をひっくり返したいと書き込んだ。

「認知的多様性」の名のもと、「オックスブリッジ」〔名門オックスフォードやケンブリッジ大学〕卒業者よりも、「変人」や「奇人」を求めるというのだ。マニフェストと同じくらい冗長な新規公務員募集要項は、行政への宣戦布告かとも思われた。

カミングズの求人募集に天職を感じた者がいたかどうかは不明だが、ある者が立候補した。奇術師ユリ・ゲラーだ。彼はカミングズに手紙を送り、「『予測科学の境界』にいる人をお探しとのことですが、探すまでもないでしょう」「私には本物のサイキックな力があります。モサド、CIA、アメリカ国防総省に照会していただければ、納得されるはずです」と知らせた。そして奇術師は表向きの仕事で、アメリカとイスラエルの秘密情報機関のスパイ活動を隠匿するための「完璧な仮面」に過ぎないと説明した。[24]

さらに「スパイ活動では、私は（一九九一年イラクでの）砂漠の嵐作戦に参加し、北朝鮮の秘密トンネルの場所の特定を助け、モスクワに送られる途中の重要な外交書類をこの特殊能力を使って抹消しました」と記し、英国政府は自分の「サイキックな力」を使ってEUの膝を折らせてはどうか、と提案した。

カミングズはブログで尊大な調子で、あらゆる議論は俗っぽくて何の役にも立たない駄弁だと断じた。「プーチンの腹心が何をしでかすか、国際犯罪組織が我が国の国境管理の穴をいかにかいくぐるかを知りたければ、夕食の席でテレビプロデューサーとジャック・ラカン〔フランスの哲学者〕について議論したり、フェイクニュースをフェイクニュースで糊塗したりするオックスブリッジ卒業者はもういらない。我々に必要なのは、真のジョーカーやアーティストであり、大学に行ったことのない人、悲惨な地獄から抜け出そうともがいた経験のある人、ウィリアム・ギブスン〔アメリカのSF小説家〕の小説の主人公のようなイカれた人だ」

文学とアルゴリズム

ウィリアム・ギブスンは有名な小説『ニューロマンサー』の著者で、当時生まれつつあったインターネットの可能性を世に知らしめた「サイバースペース」という言葉の発案者だ。カミングズはこうした影響力のある人物を引き合いに出して語ることで、大物改革者を操る魔的技術のオーラをまとおうとしている。彼は技術と知の融合はもちろん、政界における基盤作りも怠らない。政界はデジタル革命に乗り遅れていると断じる彼は、足場を固めるため自らの神話作りに腐心したはずだ。人心を支配するには神話が不可欠だからである。

英国を科学・技術研究大国に変える能力のある人材を求めるカミングズは、ウィリアム・ギブスンの小説のヒロイン、ケイスを手本にした。ケイスはマーケティングアレルギーで、

トミー　ヒルフィガーのブランドを見ただけで嘔吐してしまう。彼女のアレルギーは第六感でもあり、これを生かしてブランドアドバイザーとなり、流行に敏感な「クールハンター」として活躍する。ロサンゼルスや新宿でバスケットボールを楽しむ人を観察し、次にどんな流行が来るかを言い当てることができる。だがこの第六感は天才的ひらめきなどではなく、病気の症状なのだ。妄想症《パラノイア》に悩まされるケイスは、ウーバー化された存在の原型である。彼女はグローバルな世界に分散する存在であり、「ギグ・エコノミー」（配車サービスのウーバーやテイクアウト配達のデリバールーのような単発の仕事で金を生む経済）の産物である。カミングズは症状を長所に、アレルギーを能力にすることで、病気を英雄化した。彼を通すと、マーケティングアレルギーは、自分を雇う企業の最強のマーケティングツールになる。

カミングズは積極的に小説のイメージや主人公を援用するが、だからといって「オズの魔法使いコンプレックス」に悩んでいるわけではない。これは、オバマ元大統領の上級顧問デイヴィッド・アクセルロッドが、教訓に富んだわざとらしいストーリーで選挙の立候補者に金メッキを施す一九九〇年代の「ストーリーテラー」を指して使った言葉だ。だが、カミングズはアンチストーリーテラーであり、「政治を進歩させようと思ったら、専門家や広報担当者ではなく、物理学者を起用せよ」と公言している。

カミングズは好意的なメディアからは現代のレオナルド・ダ・ヴィンチと呼ばれ、敵からは貪欲なアルゴリズムを使ってデータをむさぼる奇天烈な独学者だと言われる。確かに彼が標榜する普遍主義は様々な事物に目まぐるしく言及するあまり、大々的なネームドロッピング〔著名な人物の名を持ち出して、その威光を利用する行為〕をしているかのような印象を起こさせることがある。

文学の力とアルゴリズムの力を組み合わせ、現実離れしたイメージと理論的数学をシンクロさせる新世代の政治戦略家。それがカミングズだ。「我々にはトゥキュディデス〔古代ギリシャの歴史家〕や統計のモデル化を理解する指導者が必要だ」と彼は述べる。つまり、『カラマーゾフの兄弟』と『クォークとジャガー』を読破した者だ。カミングズはビスマルクの「悪魔的才能」の崇拝者である。というのも、ビスマルクは「勝利のみならず、整合性をも重視していたから」だ。同時に、カミングズはナイトテーブル用の本として、孫武〔紀元前六世紀の中国の武将〕の兵法書『孫子』も挙げているが、これはほぼ定番である。

カミングズの描く計画では、データマイニング（データからの情報の抽出）と、ＡＩ（人工知能）に分類されるあらゆるものを一律に援用して政治的決断を下す。アルゴリズムによる自己統治を目指すこの計画の裏には、国家の消滅と社会の徹底的非政治化というユートピアが隠れている。フィードバックのメカニズムにより自己規制と自己修正能力を持つアルゴリズムの予測モデルは、民主主義的熟議に取って代わる。カミングズが実現しようとしているのは、右派の哲学者アントワネット・ルーヴロワが「アルゴリズムの統治性」と呼ぶもの、あるいは「様々な活動分野や統治領域における、政治、権利、社会規範ではなくデータの（自動的）アルゴリズム処理に基づいた社会的世界の統治という仮説」[25]である。

政治学者アリシア・モーニントンが指摘するように、「強硬な手段と、急進的な政治観、右派のリバタリアニズム〔個人の自由と経済の自由の両方を重視する政治哲学〕の混じった一種の主権至上主義の持ち主として知られる」カミングズは、パンデミックに直面して、「ロックダウンを実施しないという三月上旬の決定に影響を及ぼした可能性」[26]がある。集団免疫を重視する姿勢は公正な科学的コンセンサスに根差していると言われるが、現実にはＥＵ離脱をお膳立てした張本人たちが作り上げた政治的イデオロギーの産物だ。自由を侵害する措置に対し個人の自由を守ると見せかけて、その実、もっとも弱い人たちの保護をおざなりにして、経済活動を妨げないようにしたのだ。

サンデー・タイムズ紙によれば、カミングズは当時の状況を前に、「集団免疫を獲得しよう。それで幾人かの年金生活者が死んでも仕方がない」と語ったという。ボリス・ジョンソンは三月三日の記者会見で、コロナ患者を受け入れている病院を訪問して、「皆と握手した」と述べ、同じようなことを繰り返した。インペリアル・カレッジが三月一六日の独立報告書で、集団免疫に固執したままでは二五万人の死者が出るだろうと発表してようやく、ジョンソンは三週間のロックダウンの実施を布告した（ただし「ロックダウン」の語は使わずに）。三月二三日のことだ。その四日後、ジョンソンは自身が陽性になったことを発表した。

その頃、ドミニク・カミングズは政治スキャンダルの渦中にいた。首相に無断で、妻子と共にロンドンを離れていたことをメディアにすっぱ抜かれたのだ。国民はパンデミックから身を守るため、家から出ないようにと政府から強く要請されていたのに、である。カミングズは、家族が感染したので、子どもを守りたかったのだと釈明した。「幼い子どもの命がかかっている中、私は尋常ではない状況で決断を下した」。彼によれば、これは「適切な」選択だった。四月一二日にダラムから五〇キロメートルほど離れたバーナード城を訪れた件についても、説明を求められた。五時間もかけたこの散策について、何と彼は「〔運転に耐えられるだけの〕視力と運転能力があるかどうか確認するためだった」と釈明した。

第四章　マッテオ・サルヴィーニ

ベスティアとゾウ

マッテオ・サルヴィーニが当選すると、ある動物がしきりにイタリアの政治討論に登場するようになった。ゾウだ。長い鼻と大きな耳を持つ本物のゾウではなく、ジョージ・レイコフが比喩《メタファー》として使ったゾウである。アメリカの高名な社会言語学者レイコフは、「フレーミング」という概念を提唱し、二〇〇〇年代初めにヨーロッパやアメリカ政界の広報担当者たちの思考に影響を及ぼす権威となった。

カリフォルニア大学バークレー校教授のレイコフはしばしば、学生たちに「何をしてもいいから、ゾウのことだけは考えるな」と言っていた。すると学生たちの脳裏にはたちまちにしてゾウが浮かんでくる。ゾウは共和党を象徴する動物だ。ゾウを否定することで、逆に聴講者たちはゾウの世界に投げ込まれ、ゾウの特徴（巨大、シワ、灰色、長い鼻など）を思い浮かべる。

ベストセラー書『ゾウのことを考えるな（*Don't Think of an Elephant!*）』のタイトルにもなったこの課題を通し、認知言語学教授レイコフは学生たちに、人間の脳は合理的、分析的に機能するのではなく、思考とイメージのつながりによって機能することを論証しようとした。思考とイメージは一定の叙述枠の中で統合され、結合される。すなわち「フレーミング」である。

この言語学論を政治に当てはめてみると、ここ数十年の間共和党がいかにして言葉——一定の語彙や一連の比喩《メタファー》——を植えつけて、議論を枠にはめてきたかが理解できる。選挙戦で焦点となるのは、意見や方針の対立というよりも、自分たちの言葉を押しつけることで議論を枠にはめ込もうとする言語学的「ハッキング」の一形態である。

一九九〇年代に発表されたこの試論は、ドナルド・トランプの大統領選以降、時事的意義を持つようになった。レイコフ教授は、トランプのフェイクニュースを告発すべくこれを報道したメディアにはトランプ当選の責任がある、と説明している。「トランプは言葉を武器として使う。彼は言語戦争に勝利を収めている最中だ。そしてメディアは彼の言葉を取り上げて批判することで、マーケティング代理店と同じような働きをしている」と。

今日のゾウ

マッテオ・サルヴィーニは内閣入りし、所属政党である「同盟」は〔二〇一九年〕欧州議会議員選挙で三四パーセントを獲得して勝利を収めた。以降、レイコフのゾウはイタリアで息を吹き返した。イタリアの政治アナリストに「ゾウのことを考えるな《ノン・ペンサーレ・ア・レレファンテ》!」などと言うまでもない。ゾウはすべての人の頭の中にあるのだから。筆者が調査において質問を投げかけた人々は、サルヴィーニの成功はレイコフのゾウのおかげだ、という点で一致していた。「レイコフは正しかった。サルヴィーニはイタリア政界のゾウだ」と語るのは、かつて左派の民主党に所属していた〔ジュゼッペ・〕ピッポ・チヴァティだ。彼は二〇一五年に離党して、新党ポッシービレを結成した。「主権至上主義の右派は議論の輪郭を描いて、国レベルの対話の言葉を押しつけることに成功した。サルヴィーニと五つ星運動の接近は致命的で、もはや移民のことしか話題に上がらない」と彼は述べている。

イタリアの社会的議論を悪意で汚染する反移民発言に立ち向かうのは、至難の業である。というのも、そうした発言は同時に複数の領域にまたがり、絶えず変化するからだ。数字の論争（受け入れ外国人の数）からボキャブラリーをめぐる争い（移民、不法滞在者、不法移民、避難民など）、法的権限の対立（国の主権と国際海洋法）、価値観の衝突（アイデンティティ、保護）、イメージ戦争まで、あらゆる場で想像の領域の戦争が同時進行している。毎日のようにテレビに映し出される避難民、警察に尋問される不法滞在者、沖で見放されて遭難者の重みに耐えかねる漂流船、壁、有刺鉄線のイメージは、国境管理の領域に属しているのではなく、公の空間で繰り返し流されることで、共同体のパフォーマンスを作り上げ、難民たちは意図せずしてそのパフォーマンスの端役を演じる。彼らは失われた主権という劇場に駆り出される。国境管理は儀式的かつ舞台装置的な空間であり、国境という幻想を演出し、賞賛を要求する。国境管理は儀式的な犠牲行為であり、その犠牲となるのが難民たちだ。

国境とは領土のみならず精神にも関わり、尋問にも似た働きをする。善と悪、私たちと他者、内と外を分け、何としても守るべきヨーロッパ陣地という幻影を流布させ、仮定上の侵略に瀕した非常事態宣言を視覚的に演出する。国境は、上下つなぎの保護服を着た難民の映像を通して、絶対に同化《アシミラシオン》できない他者（「統合《アンテグラシオン》に向いていない他者」）という概念を映し出す。国境は、失われた主権に代わるパトロール隊やフランス版「愛国者法」を通じて、陸海で行動する国家というメディアの誇張を生む。そして管理と保護を求める脆弱な国民に、閉鎖的な共同体という想像物、安心できる世界の光景をもたらす。

　反移民のイデオロギーの戦いは運動の戦争であり、つねに新たな争いを引き起こす。爆発的移民を前にした危機感から、「侵略者」と呼ばれる避難民まで、ヨーロッパの社会モデルが引き起こすとされるバックドラフト理論〔移民を酸素のあるところに広がる炎にたとえた用語。ヨーロッパ社会の弱者支援政策が移民を惹きつけるとの説〕から、「大いなる置き換え《グレート・リプレイスメント》」理論まで、イデオロギーの戦いはあらゆる手段を用いる。最新の標的は移民支援団体や、国境付近の熱心な活動家や、海で救助活動に当たる人々など、移民に手を貸すあらゆる人々だ。主権至上主義者の勝利以降、イタリアは港を閉鎖したり、NGOや、遭難者を救助する船員たちに司法面から圧力をかけたりと、あらゆる手を尽くして、海での救助活動を妨げようとしてきた。二〇一四年には彼らのおかげで何万人もの人々の命が救われたのに、である。非難の名目は様々で、移民の不法輸送、非合法な入国、沿岸警備隊の命令への不服従、ＮＧＯの船で運ばれる廃棄物の衛生上の懸念等々だ。

ジュージ・ルッソ（政治広報専門家）とフランチェスコ・ニコデモ（マッテオ・レンツィの元広報顧問）によれば、現代政治の中心にあるのは、グラムシが唱えた月並みな「文化ヘゲモニー」〔グラムシは一九・二〇世紀イタリアのマルクス主義思想家。文化ヘゲモニーは支配階級が多様な文化の社会を支配しているという説〕、「アジェンダ設定」〔メディアの報道の仕方によりあるテーマの重要性が決定されるという説〕、元首相マッテオ・レンツィが重視した「ストーリーテリング」といった概念などではなく、叙述枠（「フレーミング」）の概念だが、こうした枠内でも真に政治的な議論を発展させることはできる。

「それができなければ、『現代のゾウ』、つまり敵のテーマや言葉に振り回される危険がある。アメリカのトランプをめぐる出来事はその一つで、イタリアでも五つ星同盟派《ペンタレグイスト》（「五つ」を指す「ペンタ」と「同盟《レーガ》」を組み合わせた造語）が同じ道をたどっている。マッテオ・サルヴィーニにとっては『現代のゾウ』を連想させるゲームなどお手のものだ。このゾウはたいてい興奮しやすい雄牛の姿をしていて、対抗者を執拗に悩ませ、逆に仲間からはさらに強い支持を集める。ゾウは否定的な言葉で語られれば語られるほど、大多数のイタリア人の間にますます広がり、親しまれるようになる」

イタリアのアイデンティティの再コード化

エッセイストでＲＡＩ〔イタリア放送協会〕のジャーナリスト、エヴァ・ジョヴァンニーニはサルヴィーニの急速な台頭についてこう分析している。

「サルヴィーニは得票のためには、まず文化に関する議論を操り、自らの言語スタイルを押しつけて、『進歩主義という統一的思想』を覆さねばならないことをよくわきまえており、実際に毎日、二四時間これを実行している。彼は自分のボキャブラリーを強要し、彼を批判する者も追随する者も誰もがそのボキャブラリーを受け入れる。彼はイタリア語のいくつかの言葉の意味を覆した。今では『ブオーノ〔よい〕』は、難民を支援するＮＧＯのポリティカル・コレクトネスを指す『ブオニズモ』と結びつき、ネガティブな響きを持つようになった。『良識』は、サルヴィーニの話術では『常識』の意で使われる。反移民政策を掲げる彼は堂々と、『パッキアは終わった』と言う。『パッキア』は祭り、よき時代を意味する。

あたかも、移民は娯楽を求めてクルーズ船でイタリアにやってくるとでも言いたげだ」罪のない「バチョーネ」〔親しい人同士の間で交わされる頬のキス〕さえも、サルヴィーニにかかると反対者への揶揄と挑戦に変わる。五月三一日、彼はマフィア組織カモッラから脅迫を受ける作家ロベルト・サヴィアーノに「バチョーネ」を送り、フェイスブックのライブ放送で、彼につけている警察の身辺保護を取り消すと発表したため、ソーシャルネットワーク上で大抗議が起こった。まさに「バチョーネ」、命を奪う口づけだ。

サルヴィーニの広報活動は、突き詰めれば、友と敵を選別する作業だ。こちら側にはイタリア人がいて、伝統的な価値、家族、宗教、食べ物が称揚される一方、あちら側にはロマ人、外国人、ＮＧＯ、教授、保守的左派、「ブオニスト（人道主義者）」、左派メディア、ラディカルシック〔見せかけの左翼急進派〕、ロベルト・サヴィアーノがいる。

イタリア人はサルヴィーニのことは何でも知っている。幼稚園で悩んだことも、性生活も。彼は毎日のように、フェイスブックに仲間や夕食の写真を投稿する。ツイッターに投稿された彼の顔をかたどったピザの写真は、一種の顔貌性を獲得した食べ物だ。また各地を訪問するたびに郷土料理をむさぼり、その写真を掲載する。農産加工物を通した地方尊重主義とも言える。

ピッポ・チヴァティはこうした投稿に、産業革命以前の黄金時代への回帰と、「衣装をまとった」主権至上主義の一形態の高揚を見た。そうした高揚は、イタリアの慣習と装いを通して表現される。その最たるものがイタリア料理だ。

「イタリア国民を団結させるのに、イタリア料理ほど最適なものはない。サルヴィーニは平均的イタリア人の想像の領域に入り込まなくてはならないことを完璧に理解しており、だからこそプロパガンダ目的で、カネロニ、ラザーニャ、ヌテラなど私たちの料理のシンボルを利用するのだ。これはマーケティングにほかならない。サルヴィーニは、アルゴリズムに根を張り、イタリア半島の数百万台ものスマートフォンに触手を伸ばすテクノポピュリズムの王だ」とエヴァ・ジョヴァンニーニは解説する。

実際、サルヴィーニのソーシャルネットワークは料理のセルフィー写真であふれかえっている。彼にとってセルフィーは単なる隠喩《メタファー》ではなく、自我への回帰というアイデンティティの方向性だ。ジャーナリストで、デジタルメディアVｉｃｅの編集を担当するレオナルド・ビアンキによれば、こうした言及は「ムッソリーニ的国粋主義《ナショナリズム》と、イタリア料理の傲慢」の両方に属しており、「サルヴィーニの料理の利用の仕方は、国民同様に食べ、国民同様太ることを恐れない国民の一人としての自分を見せようという意思の表れである」

サルヴィーニは同様の手法で宗教的表象も利用する。二〇一九年五月一八日、彼はミラノで開催されたヨーロッパの国粋主義者《ナショナリスト》の会合の締めくくりで、ロザリオを振りかざして聖母マリアの加護を求め、イタリア教会の激怒を買った。それでも欧州議会議員選挙に勝利した翌日にも同じ過ちを繰り返し、やはりロザリオを振りかざして十字架に口づけし、記者会見を終了した。

彼はイタリア人の歴史の記憶にも手を伸ばし、欧州議会議員選挙では、フォルリの市庁舎のバルコニーから大勢の支持者に語りかけた。一九二〇年代、ムッソリーニが民主主義を求める若者たちの処刑に立ち会ったのがこの場所である。

サルヴィーニはすべてのイタリア人が自分に同化することを望んでいる。ファシズム体制へのノスタルジー、家長への畏怖など平均的思考を反映しようと躍起になり、治安、服装、食習慣についての扇動的な発言で煽り立てる。彼はイタリア人が夕食に食べるスパゲティや缶詰の煮込みを司る大臣なのだ。

こうした手法が裏目に出ることもある。二〇一八年一二月、シチリアで地震が勃発したが、サルヴィーニは二六日にヌテラを塗ったパンをおいしそうに食べている写真をフェイスブックに投稿した。記号学者ジョヴァンナ・コゼンツァが指摘するように、「五〇〇万もの人々が何もあるいはほとんど食べることのできない国で、国民を代表すると言いながら、毎日何度も大食するなどありえない」

レーガンがアメリカ大統領だった時代、ホワイトハウスの広報部は毎日「ライン・オブ・ザ・デイ〔今日の動向〕」を設定して大統領のスケジュールを管理していた。ライン・オブ・ザ・デイは複数の行政部や信頼を受けたメディア、さらにテレビを通して一般の人々にも伝えられていた。一九九〇年代になると、「ストーリー・オブ・ザ・デイ」に代わったが、サルヴィーニの場合は「エネミー・オブ・ザ・デイ〔今日の敵〕」が広報の骨組みとなっている。

毎日何らかの発表、フェイスブックへの動画投稿、ツイート、インタビューがある。いずれも北部同盟を率いるサルヴィーニの政敵を挑発するような内容で、政敵が反発すれば、おのずと彼の発言に触れる人が増え、ソーシャルネットワークでの影響力も増す。

公共の場におけるキリストの十字架の設置義務化から、海辺の行商人の排除まで、ロマ人の人口調査から、ワクチンを槍玉に挙げたり、NGOを人身売買組織呼ばわりしたりする姿勢まで、敵対者を挑発し、支持者層を動員し、どちら側でもない人々の賛同を集めるための論争をあえて作り出すべく、様々なことが議論の対象となる。

エヴァ・ジョヴァンニーニは、「マッテオ・サルヴィーニはソーシャルネットワーク以前からすでにマッテオ・サルヴィーニだった。彼は一九九〇年代に政界に入ったが、人々と交わり、明確に語るすべを心得ていた。だが自党の支持率を三パーセントから三〇パーセントに伸ばすに従い、政治的な第六感と、アルゴリズムやWeb2・0〔誰もが情報の受け取りだけでなく発信もできるようになったインターネットの利用状況〕の外科的利用法を組み合わせる腕前も示した」と語る。

ジョヴァンニーニの指摘によれば、サルヴィーニと、哲学専攻のIT技術者兼サルヴィーニのスピンドクター〔情報操作で人心を操る専門家〕でもあるルカ・モリージは、イタリア政界きっての強力なバイラル・マーケティング〔主に口コミによる拡散を利用したマーケティング手法。バイラルは「ウィルスの」の意〕の仕組みを編み出した。「ベスティア」と呼ばれるこのソフトは、データ、ビッグデータ、ソーシャルネットワークの大量の情報を分析する。サルヴィーニはフェイスブックに三六〇万人、インスタグラムに一四〇万人、ツイッターに一一〇万人のフォロワーがおり、「毎日のように、メインストリームメディアや政界における議論を誘導している。彼はモリージと共にオンラインゲームを作り出し、二〇一八年の選挙戦時にリリースした。登録したフォロワーは、北部同盟の投稿するコンテンツをリレーするというもので、勝てばサルヴィーニ本人に会えるという最高の栄誉が得られる。このゲームは大変な人気となった」

「ベスティア」はものを書くという行為の実験室であり、編集室でもある。そこには大文字、ピンボケの写真、素朴なネットミーム〔インターネット上である事物を模倣し、拡散させること〕、自作の合成写真などが堂々と登場する。いわばデジタル版「アルテ・ポーヴェラ」〔一九六〇年代イタリアの先端的なアート〕である。

神話――引用の生

ルカ・モリージはジュリアーノ・ダ・エンポリに、「我々は二〇一四年に『サルヴィーニのスポークスマンになろう』というシステムを作り、大きな話題となった。ユーザーは登録手続きをし、サルヴィーニが投稿するコンテンツを自動的にツイートすることを受け入れる。一定の状況下での一定のコンテンツのツイートの白紙委任状のようなものだが、アバターではなく本物の人間による委任状だ。この試みは成功し、何万もの人——たいていはインターネット初心者——が、カピターノ〔キャプテンを意味するサルヴィーニのあだ名〕のアバターとなるべく、わざわざソーシャルネットワークに登録した。だが今ではツイッターも含めた強力なベースがあるため、こうしたシステムも不要になった」[27]と語った。

だがジャーナリスト兼作家でデジタル政治を専門とするファビオ・キウージは、サルヴィーニの成功におけるソーシャルネットワークの役割を相対的にとらえている。「確かに彼は、ツイートやフェイスブックのライブ、インスタグラムの写真や動画などで政治の方向性を捻じ曲げた。ただ、かつて北部同盟の支持率は四パーセント前後だった。テレビや紙媒体のメディアが数年もかけて彼のメッセージの普及に寄与していなければ、こうした〔ソーシャルネットワークの〕影響はもっと低かったはずだ。サルヴィーニはゴールデンタイムのトークショーですっかりおなじみになったため、彼の存在は一つのパターン、何度も語られる荒唐無稽なエピソード——演出と同時に儀式——となり、決まり文句がとめどなく繰り返された結果、一般視聴者は自分でも気づかないうちに、黒人男性を外国人、敵と見なすようになった」

デジタルメディアViceのイタリア版を編集するレオナルド・ビアンキもキウージと同意見で、「サルヴィーニのツイートや投稿は、従来のメディアで取り上げられることを目的としている。イタリアではずっと以前からテレビこそが主要な情報チャンネルなのだ」と語っている。

だがビアンキは様々なメディアにおける影響力だけでなく、デジタル統治の奇妙さも指摘する。サルヴィーニの決定がたいていソーシャルネットワークでハッシュタグ付きで発表されるという意味で、彼のツイートは実際的な機能を獲得しているのだ。「二〇一八年六月の #chiudiamoiporti〔港を閉鎖しよう〕はその一例で、イタリアの港は政府の正規の手続きではなく、実際的な力を得た一ツイート、ハッシュタグにより閉じられた」

カピターノは数か月のうちに、フェイスブックでもっとも多数のフォロワーを抱えるヨーロッパの指導者となった。アンゲラ・メルケルのフォロワーが二五〇万人、〔エマニュエル・〕マクロンが二三〇万人に対し、サルヴィーニは三三〇万人だ。モリージは、トランプのフォロワーは二二〇〇万人としながらも、「動員力という意味では、マッテオ（・サルヴィーニ）の方が上で、トランプへのクリックは一週間で一五〇〇万回に対し、サルヴィーニは二六〇万回だ」と述べた。

メッセージの一貫性や正確さは、反響の大きさに比べれば重要ではない。反響は、つい最近まで急進左派を自称していた者から極右まで、あらゆる主張に影響を及ぼしている。

ジュリアーノ・ダ・エンポリは著書『カオスのエンジニア』の中で、「イタリアで進行しているのは一九二〇年代や三〇年代の再現ではなく、インターネットと新技術により形成された新たな政治形態の出現だ」と論じている。

ファビオ・キウージは、「サルヴィーニはいわば極右がイタリアに定着させた文化ヘゲモニーを体現する人物だ。それがレイコフのゾウなのだと思う。何らかの形でのファシズムへの回帰について公に議論されるのもそのためだ。サルヴィーニは力ずくで、イタリア全体が鏡に映る自らの姿に目を向けるようにし、その顔の深淵をとくと見るよう仕向けた。(中略)我々は皆衝撃を受け、なぜそんなことになったのか、我々はいつどのように、セルフィーやゾロの旗やマスク〔98ページ参照〕のせいで当局から目をつけられるようなオルバーンやプーチン的世界に足を踏み入れたのか、と自問している」と述べている。

英国のＥＵ離脱、意外な結果に終わったトランプとボルソナロの大統領選以降、アルゴリズムとビッグデータの組み合わせは当選をもたらす魔力を手に入れた。この二つは、トーマス・マンが「神話の中の生」と呼び、「引用の生」と定義したものを有機体化する。アルゴリズムに制御されたビッグデータというきらめく星空に、私たちの新たなデジタル神話が綴られていく。神話は精気を生成すると共に、人々を結集させ、注目と経験を貪欲に呑み込む力を波及させるエコシステムをソーシャルネットワークの中に見出した。共同体の物語不在の中、国民、人種、国家、秩序など旧弊なアイデンティティの神話の力が息を吹き返す。というのも、神話は何も隠さず、再生をもたらすからだ。主権を獲得する英国、より偉大なアメリカ、十字軍という中世のフィクションにどっぷりとつかったブラジル、ムッソリーニのイタリアしかりである。

アンドルー・ブライトバートはハフィントンポスト〔ハフポスト〕の設立にたずさわり、二〇〇七年には独自にブライトバート・ニュース・ネットワークというメディアを立ち上げたジャーナリストだが、周知の通り、同ネットワークは彼の死後、スティーヴ・バノンによってオルタナ右翼メディアに変貌した。このメディアは、視聴者は情報を事実として受け取るのではなく、連続的なドラマのように本能的に経験していることを理解した。

ブライトバートによれば、もっとも人気が高いのは被害者化や復讐の話だ。そうした話は迫害されている意識を強め、そうした意識は正当化を求める。

欠乏から生まれる全体主義的リーダーシップ

マッテオ・サルヴィーニもこの被害者化をうまく利用して、不安感にさいなまれ、ヨーロッパ、移民、汚職まみれの政治エリートのせいで損をしていると感じる数百万のイタリア人と自分を重ねた。事あるごとに実存をめぐる自らの傷を誇示して、イタリア人との共感の証とする姿は、時に滑稽でさえある。

二〇一九年五月、ネオナチ政党カーザ・パウンドに近い極右の出版社が刊行したサルヴィーニのインタビュー本は、トリノのブックフェアで議論を呼んだ。本の中でサルヴィーニは、初めて経験した不当行為として、幼稚園の頃にゾロの人形を盗まれたときのことを挙げている。すると#Zorroの言葉はたちまちツイッターでトレンド入りし、選挙期間中反サルヴィーニ派は仮面と黒いマントでゾロの格好をしてデモを決行した。

映画史を専門とするハミルトン・サンティアは、この話とオーソン・ウェルズ監督の映画『市民ケーン』の「ローズバッド」効果を比較して〔ローズバッド（バラのつぼみ）は両親の愛を渇望するケーンの心理の象徴とする解釈〕、「オーソン・ウェルズは、人々を刺激するには欠乏に注目すべきことを知っていた。市民ケーンの有名な『ローズバッド』は、埋めることのできない欠乏を補おうともがく人々の魔法の道具となった。合理性と熟考を中心とするはずの政治においてさえ、私たちは『ローズバッド』効果の犠牲にされた。チャールズ・フォスター・ケーンは、欠乏から生まれた全体主義的リーダーシップの堂々たる象徴だ」と論じた。

　サルヴィーニは二〇一九年夏に総選挙実施を求めて五つ星運動との連立を分裂させたが、元首相マッテオ・レンツィのひそかな支持のもと、五つ星運動が民主党と組むという意外な展開となり、同盟を率いるサルヴィーニは政権から外された。それでも政治活動を続ける彼の前に、コロナが立ちはだかった。一方、「旗下結集効果（危機の事態で、指導者のもと国民が愛国心から団結すること）」はコンテ首相に有利に働いた。

　コロナ下でロックダウンが実施されると、世論を煽って支持者層を動員しようにも、サルヴィーニにはソーシャルネットワークしか手段がなかった。だが何千人もが犠牲になった状況では、彼の主張するパンデミック政策は不明瞭で一貫性に欠けていた。二〇二〇年二月末にロックダウン実施が決定されると、サルヴィーニはロンバルディア州でもっとも感染率の高い地域のロックダウン解除を求めたが、数日後には態度を豹変させて、徹底的ロックダウンを主張した。議会占領によるロックダウンへの抗議といった実力行使の呼びかけや、ウィルスは中国の研究所から流出したものだとするメッセージは、逆に彼の首を絞める一方だった。

その後サルヴィーニは襟を開けた白いシャツ姿から、官僚的な丸い眼鏡、スーツ、ネクタイ姿に変身してイメージチェンジを図ったが、メディアは彼の「急速な後退」「ボスの転落」をしきりに報じ、このままでは「切り札を切っている」印象が強まるばかりだった。貴重な鏡「ベスティア」でさえ、以前とは違う姿を映すようになり、「コラッジオ・カピターノ（カピターノよ、頑張れ）」「ツイていないぞ、マッテオ」「奴らはお前を狙っている」というメッセージが目立ち、「ベスティア」の運用スタッフは「愚か者！」「卑劣漢！」「ベッロ・チャオ（おさらばだ）！」などの罵倒を削除しきれなくなった。

だがコロナの蔓延や前倒しの選挙実施の挫折よりずっと以前に、サルヴィーニはシーウォッチとの物語の戦いに敗れていた。シーウォッチは、遭難者を救出してイタリア沿岸まで力ずくで運ぶ人道主義団体の船だ。ヨーロッパの移民問題に関わる想像領域の戦いの好例として、ここでその経緯を取り上げる価値はあるだろう。

若き船長カローラ・ラケーテは、沿岸警備隊による封鎖を突破しただけでなく、ヨーロッパにおける国粋主義者《ナショナリスト》と体制との嘆かわしいなれ合いを一変させた。「この問題が個人レベルの話になったことには驚いた。これはEUの失策であり、私のように写真に収まっているだけの個人の問題ではない」と彼女は述べている。いくらサルヴィーニが彼女を「無法者」呼ばわりしようと、船で最高指揮権を振るう至高の船長のイメージとの差は開くばかりだった。これこそが彼女の行動を力強い解放運動たらしめた要素だ。

人々は彼女の勇気をたたえて、「勇気ある船長」「ヨーロッパの船長」「キール（彼女の出身地）のアンティゴネー〔ギリシャ神話に登場する王女。ここでは、法よりも人倫を尊ぶ姿勢の象徴として引用されている〕」「ジャンヌ・ダルク」「ヨーロッパの聖母《ノートル・ダム》」と呼んだ。各地で彼女の支持者が立ち上がり、ランペドゥーザ島の神父はシーウォッチの船の見えるところで一七日間野営し、ナポリやパレルモの市長も支持を表明した。#FreeCarola（カローラを解放せよ）をキーワードに何百万ものツイートが行き交い、教皇フランシスコの甥を含む三〇人の神学者が彼女との連帯を示した。

元内務大臣サルヴィーニは、ランペドゥーザに強引に寄港した彼女の行動に激怒したが、それというのも、イタリアの警備隊の船舶が軽い損害を被ったからではなく、一夜にして歴史の悪役にされたからだ。それまでツイッターで面白おかしく左派のブオニストや「移民支持」のNGOを人身売買者と揶揄していたのに、突如として人命をもてあそぶ扇動者と見なされるようになった。当然サルヴィーニはカローラの逮捕と船の押収を命じ、フェイスブック上で「これは犯罪行為、戦争行為だ」とわめいたものの、物語の戦いには敗北した。彼はもはや蛮族を国境まで押し返すスーパーヒーローではなく、勇気ある船長を攻撃する歪んだ顔のジョーカーになったのだ。

第五章　トランプ

不信の主権

コミックのスーパーヒーローには必ず天敵がいる。天敵がいてこそのスーパーヒーローとも言える。グリーンゴブリン、ドクター・オクトパスと四本の機械腕、驚くほど敏捷でしぶといリザードなくして、スパイダーマンは存在しえない。敵対関係はスーパーヒーローの世界の核であり、バットマン、スパイダーマン、その他多くのヒーローはたいてい人間のために戦うが、自分自身のためにも戦わねばならない。敵はヒーローを倒そうとするのではなく、そのオーラをはぎ取ろうとする一方、ヒーローは自分たちをスーパーヒーローたらしめているもの、スーパーヒロイズムを守るために戦うのだ。

ネガのスーパーヒーロー

二〇一九年一二月、上院の過半数を占める民主党が要求していたドナルド・トランプ大統領の弾劾手続きが、投票で退けられた。それ以前の時点で、彼のスタッフはスポット広告を制作した。広告でトランプは、指を鳴らすだけで宇宙の生命体の半分を破滅させることのできるスーパーヒーロー、サノスを演じた。再選に向けたツイッターのアカウント「トランプ・ウォー・ルーム」に投稿された動画では、トランプ演じるサノスが指を鳴らし、下院議長ナンシー・ペロシや下院司法委員長ジェロルド・ナドラー、下院情報委員アダム・シフを消し去った。

トランプはすでに二〇一六年一月の大統領就任演説で、カギとなるフレーズ（「我々は権力をワシントンDCからあなた方民に返そう」）を、クリストファー・ノーラン監督『ダークナイト ライジング』のバットマンの天敵ベインのセリフから借用した。バットマンのファンはすぐに気づき、彼の意図を理解した。呼吸マスクをつけたテロリスト、ベインはゴッサム・シティの住民に「我々はゴッサムを腐った者たちから奪回し、お前ら民に返そう」と宣言する。

二〇二〇年、選挙戦用の動画第一弾のBGMには、ハンス・ジマーによる同映画のサウンドトラックが使われた。ワーナー・ブラザース社のスポークスマンは、サウンドトラックの使用は「許可されていない」と発表し、動画は翌日に削除された。だがやはりこの映画から借用された選挙戦スローガン用の書体については、追及のしようがなかった。

トランプ支持者の多くは、彼がネガティブヒーローを演じたことに驚いた。悪さをする「悪役」はスーパーヒーローに追い詰められる役どころだ。バットマンファンの中には、サノスは力を手に入れるため自らの養女を殺害したことや、最後にサノスが殺される展開は、トランプ再選を告げる凶兆だと指摘する者がいた。良識ある指摘ではあるが、物事の本質を見逃している。二〇一六年にトランプのアドバイザーを務めたスティーヴ・バノンも、このシリーズのジョーカーに自らを重ねた。

ネガティブなヒーローを演じさせたら、トランプの右に出る者はいない。彼は本能的に、選挙戦における政治家不信を背景とした叙述のロジックを理解している。「悪役が優れていればいるほど、映画も優れている」とは、ヒッチコックの言葉だ。映画『アベンジャーズ／エンドゲーム』でサノスはアイアンマンに、「私は絶対〔不可避〕だ」と語る。これこそがメッセージの核心だ。「下院の民主党議員はせいぜい起訴手続きでもしていればいい。ドナルド・トランプの大統領再選は絶対だ」と動画は伝えているのである。

比喩《メタファー》はその語源〔古ギリシャ語の「運ぶ」〕の通り、思いのままに移動するが、これを用いる者に不利に働くこともある。バットマンの例もその一つで、トランプは三年の間バットマンを比喩《メタファー》に用いたが、コロナの爆発的蔓延と共にその意味に変化が生じた。二〇二〇年三月一一日、ホワイトハウスの大統領執務室にコウモリたちが集まり、トランプの頭上を飛び回った。トランプは切羽詰まっていた。コウモリはもはやトランプ軍団の無敵のスーパーヒーローではなく、ウィルス蔓延の象徴となったからだ。ベインの存在の意味もがらりと変わった。今やベインが民に与えるのは力ではなく、コロナウィルスだ。

ウィルス、言語、リーダーシップ

中国では儒教の伝統に則り、新たな王朝が勃興すると、皇帝は「正名」の儀式を行わねばならなかった。王朝が滅亡したとなっては、その名はもはや現実に沿っておらず、正しい名をつけねばならないと考えられていたためだ。

二〇二〇年三月一一日にドナルド・トランプがやろうとしたのも同じことで、大統領執務室で録画された公式演説で、彼はＣｏｖｉｄ―19を「外来のウィルス」と命名し直した。だがつねのごとく、この変更も無秩序の中で行われ、取り立てて何かが明確にされたわけではなく、ウィルスがどこの国で発生したのかについてそれぞれが独自の意見を持っていた。

国務長官マイク・ポンペオは「武漢ウィルス」という呼び名を使い、北京の逆鱗に触れた。米疾病対策センター所長ロバート・レッドフィールドは議会での公聴会で、「武漢ウィルス」「中国ウィルス」などのレッテルを貼るのは「完全に間違っており、不適切」と述べて、ポンペオの言を訂正すると同時に、パンデミック蔓延の大きなリスクはヨーロッパにあると論じ、「感染は〔ヨーロッパから〕やってくる。率直に言えば、ヨーロッパが新たな中国だということだ」と論じた。

トランプはすぐさまこれに反応し、英国を除くヨーロッパ全域からの航空機の乗り入れを一か月間停止すると発表した。彼はノースチャールストンでの集会で、「我々は感染を阻止するため、そして病原体保有者の入国を防ぐため、ありとあらゆる手段を講じる」との演説をぶち、支持者は歓喜に沸いた。アメリカ人の怒りを北京に向けたい多くの保守派にとって、ウィルスは中国起源であり、「メイド・イン・武漢」であった。

ヨーロッパ・アメリカ間の航空機乗り入れ停止は、マーケットの安心材料となるどころか、投資家を仰天させた。彼らは大規模なアメリカ経済支援措置を予想していたのだ。トランプには民主党からはもちろん、身内の共和党からも批判が浴びせられた。

訂正や変更が次から次へと続き、混乱を引き起こす。トランプ自身、ウィルスの出どころも、対処の仕方もわかっていなかったのだろう。再選を狙う彼は、選挙戦でカギとなる好景気を守るため、できるだけ長い間パンデミックの深刻度を低く見せようとした。マーケットの相場をにらみながら、安心材料になりそうな発言を繰り返し、自分の行動が社会にどのような影響を及ぼすだろうかなどと考えもせず、あちらこちらで握手を繰り返し、行動で発言を裏付けた。

時系列にツイートを見るだけで、その流れは明らかだ。

二月七日：「気温が上がってきた。ウィルスが弱体化して消えることを期待しよう」

二月一四日：「我々は絶好調だ」
二月二四日：「アメリカではコロナウィルスはコントロール下にある」
二月二八日：「いつか奇跡のように消えるだろう」「これは彼らの新たな悪ふざけだ」
三月四日：「診療所や病院に行かない人もいるが、回復するだろう」
三月一二日：「私がしたことと、行政が中国と共にしたことが功を奏し、現時点でのアメリカの死者数は三二人だ」
三月一五日：「これは非常に感染力の強いウィルスだ。信じがたいことだ。だが我々はかなりコントロールしている」
三月一六日：「違う。コントロール下にはない。世界のどこを見ても、コントロールできているところはない」
三月一七日：「パンデミックと呼ばれるずっと以前から、これはパンデミックだと私は感じていた」

こうしてトランプの発言を抜粋するとパニック映画の予告編のようだが、「パンデミックはコントロールされている」とのメッセージが繰り返し流された。ワシントン・ポスト紙は「トランプは一九度コロナウィルスを過小評価した」と題した記事で、ツイッターの彼のアカウントに投稿されたある動画では、楽観的発言が一九度あったと報じた。

その間も感染は広がり続け、トランプもウィルスが後退することはないと認めざるを得なかった。まず脱落したのはマーケットだ。株式だけでなく債券市場も落ち込み、さらにたちの悪いことに、セーフヘブン〔市場混乱時でも安定して安全な金融商品〕であるはずの金やアメリカ国債もだぶついた。おそらく流動資産が不足したためだろう。それまで何をしでかすかわからない大統領と共に株価変動に踊っていた金融市場は息切れの兆候を見せ、慎重に退却し始めた。

三月一一日水曜日は「正名の日」だ。ＷＨＯ〔世界保健機関〕はコロナウィルスをパンデミックと位置付け、ウォールストリートはパニックに襲われた。主要指標ダウ・ジョーンズ工業株価平均はその直前の二月と比較して、二〇パーセント強の暴落を記録した。追い打ちをかけるように石油市場でロシアとサウジアラビアの価格競争が起き、アメリカのシェールガス産業が脅かされ、経済回復の先行きが不安定になった。トランプは大統領執務室から短い声明を発表することに同意したが、内容は矛盾だらけで、危機の深刻度の認識と、その影響を軽視しようとする姿勢の間で振れていた。

そのわずか数日前、彼はパンデミックを悪ふざけに過ぎないと述べたが、声明でも相変わらず過小評価して、アメリカは「誰も想像できないほど前途洋々だ」と言いきり、マーケットを怖じ気づかせないために、有権者を安心させようと緩叙法〔ある事柄を弱めて表現すること〕と誇張を繰り返した。

緩叙法：「これは金融危機ではなく一時的なものであり、我々は国家そして世界全体で克服する」

誇張：「外来のウィルスに立ち向かうため、現代史上もっとも積極的かつ徹底的な取り組みを実施する」

緩叙法：「すべてはうまくいっている。いいことがたくさん起こるだろう」

誇張：「我々に対してウィルスに勝ち目はない」「アメリカほど準備万全で回復力のある国はない」「ここ三年で実施された経済政策のおかげで、〔アメリカの〕経済力は群を抜いている」

ウォール・ストリート・ジャーナルは「ウィルスとリーダーシップ」と題した論説の中で、この世界的公衆衛生危機を前にした共和党の億万長者の無能ぶりに不安を表明した。「トランプ大統領は脅威を認識すると、本能的にこれを否定し、身構えて、応酬する。政治的には有効な策だが、新たなコロナウィルスのケースでは、指導力の妨げとなった」。グロテスクは突如としてパンデミックの壁にぶつかった。群衆を煽り、彼を権力の座に就けた不信の力は、ウィルスに対しては無力だった。それどころか、公衆衛生を司る者たちに不利に働く危険さえあった。数えきれぬほどの無能、無作法、愚行の兆候を見せたグロテスクな権力の前に、世界的な前代未聞の事象が立ちはだかった。

外交問題評議会会長を務めるリチャード・ハースは、トランプの発言は「外国人嫌い」の点で突出しているが、アメリカ人がその後の事態に対処できるよう下地を整えたわけでも、コロナ検査の失策を修正できたわけでもなかったとして、「物事は深刻化してから悪化する、との言葉が裏付けられようとしている」と語った。二〇一二年から一七年までバラク・オバマ政権下で国内政策会議委員長を務めたセシリア・ムニョスは、トランプが壁や国境閉鎖について繰り返し言及したことは、「好ましくないことに集中して取り組むとの明らかなシグナルだった」と述べている。彼女は、ウィルスはすでにアメリカに上陸していることを指摘し、「当然、彼にとって国境問題は政治的至上命令だ。こうした対話ができるのはよいことだが、ウィルスの蔓延とは無関係だ」と分析した。

オバマのスピーチライターだったデイヴィッド・リットは単刀直入に、「大統領の元スピーチライターとして彼の弁論を詳細に分析した結果言えるのは、彼は我々全員の命を奪うだろうということだ」と述べている。ザ・ニューヨーカー誌の編集長スーザン・グラッサーは、「今夜発表されたトランプの好戦的かつ国粋主義的《ナショナリスト》発言は衝撃的だ」とツイートした。

不信のドミノ効果

戦争を論じた軍事学者カール・フォン・クラウゼヴィッツは、戦時に支配的となる不確定要素を指して「戦場の霧」という言葉を使った。雑誌ジ・アトランティックでコラムを担当するデレク・トンプソンはパンデミック関連の統計が脆弱であることを指摘して、「我々が現在経験しているのは、パンデミックの霧だ」と述べた。

感染率、致死率、感染者数の推移、経済データは、政府の言論が溶け込んだ濃霧を生成する。政府幹部がロックダウン実施を最大限先送りした挙げ句、早急な経済活動再開に向け、公衆衛生専門家の意見に反してその早期解除の決定を下したことを知らぬ者はいない。

特に再選が経済状況頼みのトランプは、性急にパンデミックに決着をつけようとした。あらゆる点から見て、数字優先の政策と連動する指導層は、信頼性の高い公衆衛生当局の見解を踏みにじって生き残りを図るだろう。というのも、コロナウィルスの拡大は、感染者数や死者数の増加だけでなく、一見わかりにくいが感染力の高さでは劣らない悪を通しても評価されるからである。その悪とは、権威あるあらゆる形の言説を蝕み、ウィルスよりも急速に伝播する「疑念」である。

トランプの三月一二日の発言は、こうした深刻な悪への意識を喚起したが、その翌日、ワシントン・ポスト紙のジャーナリストは、「彼が確かだと言ったことの中に、安心材料となるものは一つとしてない」と簡潔なフレーズで解説した。このパンデミックのキャッチフレーズとして後世に伝えられるべき一文であり、トランプの言説における正確なことと安心材料の間、事実あるいは事実に近いことの叙述と安心をもたらしはするが偽りに属する叙述の間に生じた断絶をこれ以上見事に表現した言葉はないだろう。

トランプは「中国ウィルス」に言及したツイートに対し、壁が「早急に建てられているところであり」「我々はかつてないほど壁を必要としている」と回答した。その数日前に開かれた前述のノースチャールストンでの集会でも、いつものごとく壁と国境についての発言を繰り返した。ただし当時の危機に合わせて、「国境の安全は公衆衛生の安全でもある。あなた方も、壁が魔法のごとく建てられるのを見ただろう」「アメリカでの感染状況が抑えられている要因の一つに、厳格な水際対策が挙げられる」と付け加えることは忘れなかった。

壁に関するトランプの言及は目新しいものではなく、国境という概念と、脅威、外部の危険、侵略という一連の語を融合させた。壁への言及は二〇一六年の選挙戦での彼の言説の骨組みともなったが、パンデミックには大した効力はなかった。ウィルスは今そこにある。そしてこれを中国やヨーロッパからの「外来」として排除することには何の意味もない。ウィルスに「メイド・イン・武漢」「メイド・イン・イタリー」「メイド・イン・ヨーロッパ」とレッテルを貼って送り主のもとに返送したり、悪魔祓いのごとく追い払ったりすることはできても、疫禍を打ち負かすには別の方法が必要だ。

パンデミックは、世界規模の困難（環境問題から経済問題まで、人口移動から公衆衛生リスクまで）に直面する国民や国家が相互依存していることを明らかにしたが、トランプの思考を作り上げているのは、壁という唯一不変の要素だ。それは強迫観念のようにも見えるが、実際は牽制作戦だ。トランプ主義とは人類初の壁主義《ティコクラシー》（「テイコス」は「壁、城壁」を意味するギリシャ語）であり、壁をイメージさせる権力、壁という記号の上に立つ独裁政治である。

カリフォルニア大学バークレー校の政治学教授ウェンディ・ブラウンは筆者とのメールのやり取りの中で、「トランプがとったヨーロッパからアメリカへの航空機乗り入れ停止策は、純粋な政治劇だ」「感染を防ぐため、中国、イタリア、その他感染状況が高い特定地域との行き来を制限することは当然の措置だ。だがトランプが口にした『ヨーロッパはコロナウィルスが蔓延する新たな中国である』との言葉は不条理であり、英国を除外したことや、アメリカ国内での蔓延からしても、その不条理さは明らかである。逆にこの新たな旅行制限策、『渡航禁止令』は結果的に、グローバルな現代におけるあらゆる国境閉鎖策同様、国家主権という幻想を助長した。そうした幻想は超国家的な力の侵食作用を食い止めると主張し、国レベルの『我々』と世界レベルの『彼ら』を対立させることで、複雑な問題を、実態を伴った外来の動因にすり替える」と述べた。

『壁国家（*Walled States*）』を著したアメリカの政治学者ブラウンは、世界における壁の建立は国家主権の回復ではなく、自らの侵食に直面した主権の幻想であると考える。曰く、「一部の意見とは裏腹に、現代の壁は後期近代における国民国家の主権の再出現というよりも、侵食作用の図像である」

これは特に、壁と国境をやすやすと乗り越えるコロナウィルスに当てはまる。トランプの壁と「禁止策」は、ウィルスの蔓延を抑えるどころか自らの無力さを露呈した。

市民はすでにサブプライム危機で財産、職、ローンで購入した家を失った上に、コロナウィルスで身体と命が危険にさらされた。「早急に検討すべきは、コロナウィルスはトランプ政権を破綻に追い込む危機か否かではなく、トランプ政権はアメリカを破綻に追い込む危機か否かである」とニューヨーク・マガジン誌のコラムニスト、フランク・リッチは論じた。

ジョージ・W・ブッシュ政権下でホワイトハウスの広報部長を務め、現在はニュース専門放送局MSNBCのアンカーであるニコール・ウォレスは、コロナウィルスを前にしたトランプの対処と、ハリケーン・カトリーナに見舞われたブッシュ政権の対処を比べて、

「私たちが無能であることが証明され、人々は命を落とした」と語った。同じ番組の中で、プリンストン大学教授エディ・グロードは、トランプ大統領のこの「カトリーナ的瞬間」を重く見て、「『自分は五番街で人を撃つことだってできる』とはトランプの言だが、それを許すような四〇%のアメリカ人に揺さぶりをかけるには、今をおいてほかにない。というのも、〔犠牲になるのは〕老人、若者、赤ん坊、友人、大切な人、老人ホームの高齢者、恋人だからだ。つまりこれは大統領を失脚させうる一大事件なのだ」と解説した。

公共のラジオ放送局NPRが二〇二〇年三月に発表した調査によれば、トランプが発信するコロナウィルス情報を信頼すると答えたアメリカ人はわずか三七%。六〇%がほとんど信頼しない、あるいは信頼しないと回答した。ジャーナリストのジェイ・ローゼンは、調査はトランプの嘘で固めた魔力が初めてつまずいたことを証明しており、世論の転換点だと見ている。「コロナウィルスはトランプ大統領にとって、実存に関わる脅威なのだ」と。

「邪悪な道化師」

作家ウィリアム・サレタンは二〇二〇年七月にニュースメディア、スレートのインターウェブサイト上で、トランプのパンデミック対応を総括し、「大統領がこれほど冷酷で、堕落するとは信じがたいことである」と書いた。「だがこれが現実なのだ。トランプは我々がパンデミックへの備えができていないことを知っていたが、何ら策を講じなかった。中国が危機の規模を隠していることを知っていたが、隠蔽をかばった。ウィルスがアメリカで蔓延していることを知っていたが、消滅していると語った。テストなしでは診断がつかないことを知っていたが、テストは不要だと言った。感染を抑えられるであろう対策の実行を遅らせ、マスクを嘲笑し、真実を語る者を片端から黙らせた。そして多くの警告にもかかわらず、国を危機にさらし、病気の蔓延に弾みをつけた」[28]

二〇二〇年一月初旬、トランプは中国で致死率の高い新たなウィルスが発生したとの報告を受けた。報告には、中国政府が事態を軽視しているともあった。「当初中国が発表した数字からしても」それは明らかだった、とサレタンは述べている。だがトランプは楽天的な発言を繰り返した。一月二二日のフォックス・ビジネスのインタビューでも、「我々は元気だし、中国も同様だ」と述べている。

トランプの話題の中心は、ウィルスよりも中国との間で調印した通商協定で、「中国との協定は信じられないほど素晴らしく、間もなく第二段階に進む」と説明した。CNBCのキャスター、ジョー・ケルネンはトランプに、「パンデミックを懸念すべきか」と質問したが、トランプは「全くない。習〔近平〕主席とは非常によい関係を結んでいるし、おそらくこれまでで最大の契約を結んだところだ」と答えた。

サレタンはスレートの記事で、何万ものアメリカ人の死の責任はトランプにあると言いきった。「パンデミックにおいて、金ずく、不正直、自己愛、無頓着といった彼の欠点は命取りとなった。欠点は嘘、誤り、破滅的な判断や対応を引き起こし、荒廃に拍車がかかった。コロナウィルスの暴走は、トランプが言うように彼の大統領職に傷をつけた『人為的問題』ではなく、彼という人間が行き着いた先なのだ」

二〇二〇年五月二五日、ミネアポリスで黒人男性ジョージ・フロイドが四人の白人警官から職務質問を受け、窒息死させられた。事件後、ワシントン・ポスト紙の保守派論説委員ジョージ・ウィルは、ドナルド・トランプを鋭く糾弾し、「二〇一六年に有権者が『法がしかるべく執行されるよう』選んだ人物は、二〇一七年七月二八日に制服警官に向かって、『職務質問では手を緩めるな』と指示した。彼の望みは、ミネアポリスで八分四六秒にわたり実現された」と述べた。

論説部門でピューリッツァー賞を受賞したウィルはもっとも注目を集める保守派論説委員だが、二〇一六年以降、トランプと、彼を大統領候補者として選出した共和党への嫌悪感を隠そうともしない。彼の記事はさらに過激で、二〇二〇年一一月の大統領選ではトランプを落選させよう、議会では共和党、とりわけ「愛撫を求める犬のように彼の足元で跳ね回る議員」を追い落とそうと呼びかけた。

トランプの大統領就任で権力を奪われた新保守派はもちろん、彼に恨みを持つ者は少なくない。元大統領ジョージ・W・ブッシュは一一月の選挙戦ではトランプに投票しないと宣言し、元国務長官コリン・パウエルはジョー・バイデンに一票を入れる決意を固めた。共和党内のグループ、リンカーン・プロジェクトは、テレビコマーシャルやソーシャルネットワークの動画を駆使して、トランプ再選に反対する運動を展開した。彼らの信条表明には、「トランプとトランプ主義の支持者は、憲法と共和国にとって明白かつ直接的な危険である」とある。

ウィルによれば、選挙戦以降の大統領の挑発は、「現代の通信技術」により増幅され、「公の議論における暴力のエスカレートを助長し、彼同様錯乱した個人においても、実力行使への抵抗が低くなった」。トランプは「アメリカ社会に規準を示した。残念なことに、アメリカ社会は蠟のようにぐにゃりとしていて、歴代大統領の足跡をとどめている」。そして「この三流リア王は、『邪悪な道化師』は矛盾した言い回しではないことを証明して見せた」と結論を綴った。

「邪悪な道化師」。保守派論説委員であるウィルは、この二つの語を組み合わせることで、トランプの権力の分裂した性質を明らかにした。トランプの敵は彼を批判する際に、つねにこの性質に手を焼いていた。かつてヘンリー・フォードは「歴史とは冗談だ」と言ったが、トランプは冗談を政治に変えた。

道化はたいてい喜劇や笑劇の領域に属し、邪悪な志向とは無縁だが、道化師の暴政はグロテスクというてこを用いて群衆の恨みを組織し、性差別主義、人種差別主義、反ユダヤ主義といった古い悪魔を呼び起こす。その犠牲者はジョージ・フロイドをはじめとしてあまりに多く、ピッツバーグ〔二〇一八年にシナゴーグ（ユダヤ教礼拝所）を狙った乱射事件の起きた町〕からエルパソ〔二〇一九年に移民を狙った乱射事件の起こった町〕にまで広がっている。

彼の覇権主義的権力の原動力はここにある。彼の権力は信頼性の高い物語ではなく、あらゆる形態の権威（経済、メディア、政治、医療）の信頼を失墜させる冗談により力を発揮する。人心と知性の征服において、グロテスクはトランプを通じて物語に（そしてカーニバル的なものは小説的なものに）取って代わり、このカーニバルは悲劇であることが明らかになった。

第六章　グロテスクな権力

技術武装した復古主義

フランスの著述家ギー・ドゥボールは『スペクタクルの社会』の中で、「ファシズムは技術武装した復古主義《アルカイズム》である。変質した神話の代用品が、もっとも現代的な世論操作と幻影法という派手な背景において繰り返される」と論じた。というのも、ジェフリー・ハーフが『保守革命とモダニズム――ワイマール・第三帝国のテクノロジー・文化・政治』[29]で論じたように、理性と民主主義への憎悪は技術崇拝を否定するわけではないからだ。ハーフはナチスがいかにして資本主義の最先端技術を盗用したかを証明し、一章を割いて、第三帝国下でヒトラー体制のイデオロギーの狂信に加担し、そこに一種の歴史的理性を見出した技術者たちが担った役割を明らかにした。ナチスのプロパガンダが持つ魔的な性格と、体制が国の工業化と軍備に向けて利用した技術の合理的性質は一切対立しない。一九四二年から四五年までヒトラーのもとで軍需大臣を務めたアルベルト・シュペーアが回顧録の中で、自らの過ちを「非政治的高級官僚」の瑕疵と釈明しえたのにも、そうした背景がある。

ドゥボールは、「ファシズム自体は本質的にイデオロギー的なものではなく、イデオロギー的だと自称する。それは神話の暴力的復活であり、神話は人種、血、統率者といった時代遅れの偽りの価値観によって定義される共同体への参加を強制する」「〔ファシズムは〕小ブルジョワと、危機に動転しあるいは社会革命の無力さに失望した失業者たちをまとめることで、保守化したブルジョワのイデオロギーの焦点（家族、所有権、道徳的秩序、国家）を擁護する」と論じた。

最新の拡散・操作技術により新しくなった、時代に左右されない古い神話への永遠の回帰を物語るのが、ドナルド・トランプからオルバーン・ヴィクトル、ジャイール・ボルソナロからマッテオ・サルヴィーニまでの反移民政策の土台をなす「大いなる置き換え《グレート・リプレイスメント》」のスローガンだ。このスローガンは一〇年ほど前から、ビッグテック〔GAFAMとも。グーグル、アマゾン、フェイスブック、アップル、マイクロソフトを指す〕とそのアルゴリズムによる最新の人心操作技術で拡大し、世界各地で多発する無差別殺人の一因ともなっている。

ヘイトチャンネル——8chan

二〇一九年三月一五日、オーストラリア国籍で二八歳の白人至上主義者ブレントン・タラントは、ニュージーランド、クライストチャーチで金曜礼拝を挙げていた二つのモスクを襲撃し、五一人の命を奪った。その一〇日後には、カリフォルニア州エスコンディードのモスクが放火された。

四月二七日、カリフォルニア州パウウェイのシナゴーグで乱射事件が発生し、一人が死亡、三人が負傷した。警察によれば、犯人の銃が動かなくなったため、これ以上の犠牲者が出なかったという。そのちょうど六か月前の二〇一八年一〇月二七日には、ペンシルヴェニア州ピッツバーグのシナゴーグで乱射事件が起き、一一人が犠牲となった。

二〇一九年八月三日、ヒスパニック系住民が多数を占めるテキサス州エルパソで、二一歳の男が多くの客でにぎわうスーパーマーケット、ウォールマートで半自動小銃を乱射した。死者二二人、負傷者二六人に上る犠牲者のうち、メキシコ人八人のほかはほとんどがヒスパニック系アメリカ人だった。

その一週間後、フィリップ・マンスハウスはノルウェー、オスロ市郊外で、一七歳の継妹を中国系だからという理由で射殺し、その後モスクに押し入って二丁の銃で信者を銃撃した。彼は犯行直前に、「人種戦争」を引き起こしたいと公言しており、裁判でもメディアの前でナチス式敬礼をした。

ヨム・キプル〔ユダヤ教の祭日〕に当たる一〇月九日、ドイツのハレ・アン・デア・ザーレで、迷彩服姿の二七歳の男ができる限り多くのユダヤ教徒を殺害しようとシナゴーグに向かったが、押し入れなかったため、ケバブレストランで一人を射殺して逃亡した。彼はインターネット上の極右のプラットフォームで、「野郎ども、悪く思うなよ。今日の負け犬は明日の負け犬だ」と実況中継した。犯人は「あらゆる問題の元凶であるユダヤ人」を標的にし、「大量移民の原因である出生率低下」を引き起こすフェミニズムを嫌悪した。「大いなる置き換え《グレート・リプレイスメント》」の原因を探る際、フェミニズムと移民は一対のものとして語られる。

その数か月前、ドイツのカッセルで、キリスト教民主同盟所属の区長ヴァルター・リュプケが自宅でネオナチのテロリストに殺害された。アンゲラ・メルケルの難民受け入れ政策を支持したから、というのが動機だ。

一〇月二八日、フランス、バイヨンヌで、元国民連合〔フランスの極右政党。旧国民戦線〕の議員候補者だったクロード・サンケがモスクに放火しようとし、建物から出てきた信者二人に発砲して重傷を負わせた。一二月四日、スペイン、マドリードで、未成年移民の受け入れ施設に手榴弾が投げ込まれた。その一か月前、極右政党Ｖｏｘ党首サンティアゴ・アバスカルはこの施設を糾弾する発言をしていた。

二〇一九年に起きた一連のテロ事件の背景には、移民の波が原因で白色人種が消滅の危機にさらされる、との幻想がある。エルパソのテロリストは、「ヒスパニックによるテキサス侵略」に抵抗すべく銃を手に取ったと述べ、クライストチャーチ乱射事件の犯人ブレントン・タラントは、「大いなる置き換え《グレート・リプレイスメント》」と題した「白人ジェノサイド」についての七〇ページ以上にも及ぶマニフェストをインターネットに投稿した。

テロの標的はモスク、シナゴーグ、難民受け入れ施設であり、犯人は偏執的な反ユダヤ主義者、白人至上主義者、人種差別主義の元兵士、「置き換え反対派」に賛同する新参者だ。

「エイト・ヘイト・チャン」こと8chanの掲示板は、エルパソの事件後に閉鎖されたが、グローバル化した極右のたまり場となっていた。ユーザーの投稿する図像は意図的に、ネオナチはもちろんアメリカや南アフリカにおける人種隔離政策や白人至上主義を連想させた。

「大いなる置き換え《グレート・リプレイスメント》」を「提唱」したルノー・カミュによれば、これは理論でも概念でもなく、「単なる名詞」で、百年戦争、フロンドの乱、フランス革命のようにある時代におけるもっとも重要な現象を指す。確かにこうした名詞は歴史の一場面に命名する以上のことは主張しないが、「大いなる置き換え《グレート・リプレイスメント》」は違う。ルノー・カミュは「私にはこの現象を定義することはできないが、同義語を並べることはできる。大量移民、移民による呑み込み、人口と文明の変化、イスラム化、アフリカ化、そしてより過激だが、エメ・セゼール〔マルティニーク出身の二〇世紀の文人〕の言葉を引用すれば――ただし彼は異なる文脈の中でこの言葉を用いた――、置き換えによるジェノサイドである」と述べた。

「大いなる置き換え《グレート・リプレイスメント》」は鬨《とき》の声だ。そしてあらゆる鬨の声同様、単純ゆえに強力だ。長たらしい説明など必要ない。身の回りに目を向けるがいい。テキサスではメキシコ人が、ドイツではトルコ人やクルド人が、フランスではアフリカ人が侵略しているではないか。ヨーロッパ各地で、侵略は征服をもくろむイスラムとして語られる。

逆の言い方をすれば、「置き換え反対派」は一〇年にわたり、外国人による占領や「逆植民地化」という概念を真実として流布させ、「解放戦争」あるいは新たな「抵抗運動《レジスタンス》」をもってこれに対抗すべきだと主張してきた。侵略者はすぐそこにおり、肌の色、言語、服装で見分けがつく。彼らは町や人心を侵略する。ある民族が別の民族に取って代わっている最中なのだ、と。

こうした概念は過激な小集団内にとどまるどころか、雑誌の表紙を飾り、テレビで取り上げられるようになった。ヨーロッパではいわゆる「ポピュリスト的」キャンペーンが引き起こされ、ドナルド・トランプのツイートの格好の材料となった。二〇一八年一月、トランプは「なぜクソのような国から移民を来させるのだ。アメリカはノルウェーのような国からの移民に門を開くべきだ。これ以上ハイチ人を呼び寄せる必要があるのか。彼らを追い出せ」と公言した。クライストチャーチのテロからわずか数時間後にも、アメリカ大統領トランプは、「大いなる置き換え《グレート・リプレイスメント》」論を支持する有名な女性活動家がテロリストの主張に呼応した発言をリツイートした。

オーストリア副首相で元オーストリア自由党（FPÖ）党首ハインツ＝クリスティアン・シュトラッヘはすでに政界を引退したが、パウウェイのシナゴーグ乱射事件後、『大いなる置き換え《グレート・リプレイスメント》』との戦いを遂行」したいと口にしていた。

こうしたプロパガンダに走る者たちはイメージの力を手にしており、人口学者や社会学者が提示する自分たちの意見とは相いれない統計を平然とはねつける。「大いなる置き換え《グレート・リプレイスメント》の証拠」を探すなら、何も考えずに身の回りに目を向ければよい。この語は、世論に広がる恐怖に名前を与えた。これはイデオロギーではなく、スローガンだ。そしてこのスローガンは、あらゆるスローガンの例にもれず、矛盾に満ちている。「大いなる置き換え《グレート・リプレイスメント》」はすでに進行中だ。そうでなければ、自明のこととして語られるわけがない。しかも置き換えは切迫しており、この危機に抵抗し、早急に行動を起こす必要がある。置き換えは、明白な占領と確実に進行する侵略を意味している。クライストチャーチのテロリストはマニフェストの中で、「歴史の振り子の揺れに新たな勢いをつけ、西欧社会を不安定にさせ、さらに分裂させたい」と語った。

「大いなる置き換え《グレート・リプレイスメント》」は国粋主義《ナショナリズム》の色を帯びながら伝播するが、その隆盛は自らが忌み嫌うグローバル化に多くを負っている。根付いていながらあちこちを放浪するこの理論の不動性は、アイデンティティの指向対象（国家、言語、肌の色、宗教、食事）を基礎としているが、大陸から別の大陸へと容易に移動し、適応することができる。すなわち純粋にグローバル化の産物であり、自らが糾弾する「グローバルな置き換え主義」に属し、特異性を民族的なものへと変える。民族的でありながらグローバルであり、ロゴ、ブランドなのだ。

「大いなる置き換え《グレート・リプレイスメント》」は自らによってのみ定義され、自らにのみ釈明義務を負っている。

それ以上でも以下でもない、神話の再生であり、デジタル新技術と神話という原動力をあわせ持ったハイブリッドなスローガンなのだ。この組み合わせはヨーロッパやアメリカの国粋主義《ナショナリスト》的体制や政党の台頭の核をなしており、アイデンティティの喪失という意識を広め、そのはけ口を提供している。いわば、消滅の危機に瀕した白色人種のトーテムだ。このトーテムは先祖信仰を復活させ、仲間を規定する。仲間とは、つながった同族、自らの消滅という神話を中心に団結したトーテム的「共同体」である。

というのも、「大いなる置き換え《グレート・リプレイスメント》」はルノー・カミュの発明などでは決してないからだ。

確かにこの用語は二〇一〇年に彼の著書（『無垢の手ほどき（*Abécédaire de l'In-nocence*）』）で使われ、ジャーナリストだったエリック・ゼムール〔二〇二二年に、主に反移民主義を掲げてフランス大統領選に立候補〕がフランスのテレビ番組で用いて広く知られるようになった。だが、白色人種の消滅という強迫観念自体は、一九世紀末に出現した古くて突飛で破滅的な発想である。

華麗なるギャツビー

白色人種の消滅という強迫観念は、二〇世紀ヨーロッパにおけるファシズムの台頭はもちろん、それ以前のアメリカでも白人至上主義を生み出した。アメリカの大学教授サラ・チャーチウェルは近年、「アメリカの移民」と題した記事の中で、一九二五年に発表されたF・スコット・フィッツジェラルドの小説『華麗なるギャツビー』にも、その痕跡が認められると指摘した[30]。

崩壊寸前の世界の様相を描いたこの悲劇作品は映画化され、豪華なイメージがちりばめられ、拝金主義、一攫千金、「純金の輝き」への執着、夜に嘆くように響くサクソフォンの音色、黄色いデラックスカー、ギャツビーが催す宴でふんだんに供されるシャンパン、ほろ酔いのニューヨーカーたちなど、一九二九年の危機〔世界恐慌〕のあらゆる萌芽を秘めている。

ある夏の夜、語り手でもあるニックはデイジーとトムのブキャナン夫妻の家に招かれる。デイジーはニックの親戚、トムは大学時代の友人で、「イェール大学のアメリカン・フットボールチームの中でももっとも筋骨たくましいウィングの一人。ある意味で国民的英雄。二一歳にして素晴らしい成功を収め、その成功ゆえに、その後何をしても失敗している感覚ばかりを味わう若者」である。

典型的一握りの成功者で、恵まれた人生を歩んでいるはずのトムは、どこか満たされない。フィッツジェラルドはこの亀裂を物理的力、もっと言えばこの人物が放つ攻撃性と、「女のような優雅な乗馬服」の間の矛盾と呼ぶ。「彼の体は極限の力を秘めた非情な体」であり、フィッツジェラルドの目から見ると、一種の退廃により内側から蝕まれた男らしさを表している。

フィッツジェラルドはトムを使い道のない力、はけ口を求める鬱積した力の象徴として描いている。彼は不安に駆られたように「文明は崩壊へと急ぐ。この世で起こっていることを見ると、ひどく悲観的になる。君はゴッダードの『有色帝国の興隆』を読んだかい？素晴らしい本だ。すべての人が読むべき本だよ。白色人種は警戒しろ、でなければ呑み込まれてしまうぞ、と呼びかける本なんだ。反駁の余地のない証拠をもとにした科学的な説だよ。（中略）我々は優秀な人種なんだ。ほかの人種が権力を握るのを食い止めるのが我々の務めだ。（中略）文明を作り上げる者、文明を発明したのは我々なんだよ。科学、芸術、様々なものだ。わかるだろう？」とまくしたてた。

サラ・チャーチウェルが指摘するように、トムの持論は第一次大戦後の二つのベストセラーから来ている。一つはマディソン・グラントの『偉大な人種の消滅（*The Passing of the Great Race*）』（一九一六年）、もう一つはロスロップ・スタッダードの『有色人の勃興』（一九二〇年）である。『華麗なるギャツビー』でトム・ブキャナンが言及した「ゴッダード」なる著者は、マディソン・グラントとロスロップ・スタッダードの名を合わせたもので、この二冊も『華麗なるギャツビー』も同じ編集者――マックス・パーキンズ――が手がけた本である。

「古臭い考え」に放たれたフィッツジェラルドの風刺をパーキンズがどう考えていたのかはわからないが、サラ・チャーチウェルは、主に編集者、大衆紙、大学教授をはじめとする文化的組織によりもたらされた偽りの正当性が功を奏して、そうした思考がどれほど浸透していたのかが重要な注目点だと述べている。

フィッツジェラルドはプリンストン大学の学生だったときに、優生学についての講演を聴講し、「古臭い考え」に触れた。トムのキャラクターは、ロングアイランドのメアリー・ハリマン・ラムゼイのパーティーで思いついた。

メアリーはアメリカきっての富豪の一人、鉄道王E・H・ハリマンを父に持ち、学生時代に優生学《ユージェニックス》に強い興味を抱き、クラスメイトからユージェニアとあだ名されたほどだった。数年後、彼女は寡婦になった母を説得して、ニューヨーク州コールド・スプリング・ハーバーに新設された生物進化研究所に出資させた。

「優生学《ユージェニックス》」の語はギリシャ語の「優れた生まれ」から来ており、一八八三年にチャールズ・ダーウィンの従兄弟フランシス・ゴルトンにより定義された。ゴルトンはダーウィンが提唱した自然淘汰理論を人間に当てはめ、淘汰による人類の改良を唱えた。

いわゆる「積極的優生学」は、人間の改良という進歩主義的理想を唱えたが、実態は淘汰で残らなかった者を切り捨てる「消極的優生学」だった。その手段の一つである強制断種はアメリカの三〇州以上で実施され、圧倒的に黒人市民が標的にされた。

フィッツジェラルドはトム・ブキャナンを通して、純血種をよりどころにする優生学や白人至上主義とは相反するものとして、優等な白人の心を満たしきれない「エゴイズム」が引き起こす一種の退廃を描いた。彼は白人至上主義をありのまま描く一種の文学的現象学——行動を起こす力や行動が及ぼす力ではなく、変わりゆく世界を前にした人間の弱さの肯定——を示した。

ギャツビーは新世界の象徴だ。彼は莫大な富を手にしたアウトサイダーであり、豪華な宴を開いて古い金権政治をあざ笑い、自動車整備店の妻との不倫に走るトムから「洗練された」デイジーを略奪しようとさえする。

トムはなぜか自信を失い、いつになく不安に駆られて、仰々しく哲学的概念を論じた。彼はこの概念を科学的に証明された偉大なものと信じているが、実態は人種差別的な古い型にはまったものだ。デイジーは、「あの人が読む難しい本には、すごく長い言葉が書かれているのよ」とからかい気味に語る。

グラントとスタッダードは昔からある「優生学的」概念に、生物学という新たな装いを施しただけだが、一九二〇年代の荒廃した世界において、この概念を唱える声は力強く反響し、さらに一九二四年移民法成立という形で劇的に具現化した。この法律は、移民を九割削減することを目的とし、ヨーロッパ（と世界各国）からの移民の上限数を設けた。

移民法は国民の絶大な支持を集め、リンドン・ジョンソン大統領が廃止する一九六五年まで四〇年にわたり施行された。二〇一七年から一八年にかけてトランプ政権下で司法長官を務めた上院議員ジェフ・セッションズは二〇一五年に、一九二四年移民法は移民の「著しい」抑制を達成したと発言した。

ドイツではマディソン・グラントの本が翻訳され、人種衛生学の概念を助長したが、この理論がナチスのイデオロギーに影響したことに異論の余地はない。シュテファン・キュールは著書『ナチ・コネクション――アメリカの優生学とナチ優生思想』の中で、ナチスはアメリカの理論を参考に優生学的概念を発達させたと述べている。ナチスは一九三五年のニュルンベルク法も、アメリカの人種関連の法律を援用して正当化した。ヒトラーはマディソンに宛てて、『偉大な人種の消滅』は我が「バイブル」であると賞賛の手紙を送ったとも言われる。戦後のニュルンベルク裁判で被告人の弁護士は、アメリカもナチスが実行したのと同じ罪に手を染めていたと証明するのに、この「バイブル」を引用した。

フィッツジェラルドは数年後、『崩壊』で、「人生はすべて崩壊の過程である」と述べた。その片鱗はすでに『華麗なるギャツビー』にある。フィッツジェラルドは優れた筆致で、社会のあらゆる廃物が燃やされるゴミ集積所「灰の谷」を描いた。「ここは異様な小作地で、灰が小麦のように伸びて、斜面、丘、グロテスクな菜園となる。灰は家や煙突や立ち昇る煙の形となり、大変な努力の末、ついには人間となる。人間は埃っぽい空気の中でおぼろげに動いている」と。

第七章　アメリカ政界のジョーカー、ストーンの時代

二〇一九年一月二五日早朝、ＣＮＮのカメラが回る中、戦闘服に身を包んだ二九名のＦＢＩエージェントと回転灯をつけた四輪駆動車の一群が、フロリダ州フォート・ローダデールのロジャー・ストーン宅を包囲した。ＦＢＩが包囲、確保したのはウィキリークス事件〔内部告発サイト「ウィキリークス」にヒラリー・クリントン陣営のメールが漏洩した事件〕の容疑者で、ほぼ半世紀にわたってアメリカ政界の裏を渡り歩いてきた怪人、亡霊だった。おそらくどこかから情報がもれたのだろう、ＣＮＮは的確な判断を下して、ＦＢＩが到着する一時間前にストーンの豪邸前にカメラをセットした。

のちにストーンはワシントンの連邦裁判所で無罪を訴え、二五万ドルの保釈金を積んで、意気揚々と戻ってきた。トレードマークの丸い眼鏡、ストライプのスーツ、ネクタイ姿で、

多数の反対者と支持者を前に、敬愛するニクソン元大統領のVサインを真似て腕を挙げた。反対者は「卑怯な裏切り者」と書かれたプラカードやロシアの国旗を振りかざし、支持者は「ロジャー・ストーンは何も悪いことをしていない」と書かれたプラカードを掲げた。彼は議会で偽証したとして二〇二〇年二月に禁固四か月の刑を言い渡されたが、同年七月に三〇年来の旧友ドナルド・トランプにより刑を免除された。

ストーンが象徴し、顕現した政治の一時代は、こうしてでたらめな決着を迎えた[31]。

ウォーターゲート事件からウィキゲート事件へ

ニクソン時代からトランプ時代まで、ストーンはどこか陰りを帯びたプリズムのような存在だ。このプリズムを通せば、アメリカ政治の変容を読み取ることができる。彼は自身について語るときに、『バットマン』の悪役ジョーカーのセリフ「ちょっとした混乱を生じさせ、既成秩序をかき乱せば、すべてはカオスになる。俺はカオスの使いだ」を好んで引用する。

ストーンはニクソンに憧れて、二〇歳で政界に足を踏み入れた。再選を狙うニクソン陣営に加わり、彼が一九九四年に他界するまで緊密な関係を保った。陰の男ストーンは低劣な攻撃と情報歪曲戦のプロであり、怪しげな面、逸脱、事実との曖昧な関係などから、直近五〇年のアメリカ政治史の「マーカー的」人物である。

　クリントン大統領の選挙参謀ジェームズ・カーヴィル、ブッシュ大統領の次席補佐官カール・ローヴ、オバマ大統領の上級顧問デイヴィッド・アクセルロッドとは違い、ストーンは決して表に出ることはなく、一〇年ごとに新たな役割を見つけねばならないアウトサイダーだった。一九九六年、共和党の大統領候補者ボブ・ドールの顧問だったストーンは、妻と共にスワッピング募集広告を出したことをタブロイド紙ナショナル・エンクワイラーに写真付きですっぱ抜かれて、キャリアを狂わされた。「ホットで貪欲な女性と筋肉隆々の夫が、同じく筋肉隆々のカップルを求めています」との広告には煽情的なストーン夫妻の写真が付されており、アスリートや軍人は大歓迎、重量オーバーの人は対象外と言わんばかりだった。本人は否定したが、ドールの選挙戦からは身を引かざるを得なかった。数年後、彼は広告を出したことを認め、「私は絶対自由主義者《リバタリアン》であり、放蕩者《リバティーン》だ」と虚勢を張った。

二〇歳のときに最年少被疑者として浮上したウォーターゲート事件から、（現在までのところ）最後に起訴されたウィキゲート事件まで、ストーンは政界のあらゆる策謀に加担してきた。ロビー活動、ネガティブキャンペーン、汚職、職権乱用、「スーパーPAC〔特別政治活動委員会。選挙時に政治資金を集める団体〕」の発明、陰謀、不正な選挙工作、政治のタブロイド化等々。派手な情報操作の達人《スピンドクター》ストーンは犯行現場について証言するかのごとく、ほら話と挑発でアメリカ政界を暴露してきた。彼は政界の冷笑的で腐敗に満ちた面を白日のもとにさらしたのだ。

二〇〇〇年のG・W・ブッシュの大統領選でフロリダ州における票の数え直し作業後にストーンが演じた役割は、政界に残る彼の足跡の中でもおそらくもっとも深刻なものだろう。ブッシュ支持者が大多数を占める数千人ものデモ参加者がマイアミに集まり、数え直し作業を停止するよう要求した。ネットフリックスで配信されたドキュメンタリー番組『困った時のロジャー・ストーン』で彼は、「私はファーストストリートのクラークセンターの一区画に参謀本部を置いた。無線機と携帯電話を手に、建物内の協力者たちと連絡を取り合った」と、票の数え直しの停止に至るまでの経緯を詳細に語った。以降、この出来事は「ブルックスブラザーズ暴動」として知られることになるが、「あそこにいたほとんどの人は（中略）、（ストーンによって）集められた」。群衆はオフィスに入り、職員を突き飛ばし、混乱が起こった。そのため数え直しが中断され、最高裁はG・W・ブッシュの勝利を宣言することになった。

一九八〇年代、ストーンは政治活動委員会（PACとも。これが拡大されたのが「スーパーPAC」）の発展に寄与した。この委員会は合法な選挙資金集めを認められており、党や候補者に課される献金の上限を回避できる。選挙戦に数億ドルもの資金が投入されることにより、結果的に政治マーケットに現金があふれ、ロビー活動家や仲介者の集団の懐を潤した。

一九八八年の大統領予備選挙で民主党候補だったゲーリー・ハートは、二〇一五年七月二六日付のタイムズ紙に寄稿して、汚職がアメリカの民主主義の根幹を脅かしていると警鐘を鳴らした[32]。「我が国の歴史上、様々な種類の金融スキャンダルが起きた。だがアメリカ政府が個人の利益、特定の立場、裏取引、票の交換、特権的な取り決めに組織的に関わったことはなかった」

ハートは単なる逸脱を糾弾したのではなく、法外な選挙費用、政治献金、政治活動委員会、議員や統治者と接触するために支払われる仲介料を伴うシステムを告発したのだ。「キーワードは汚職ではない。接触だ」と。

ロジャー・ストーンの一派は、レーガンの大統領当選後に設立したコンサルティング会社ブラック・マナフォート&ストーンを通して、立派とは言いがたい顧客と議員たちとをつなぎ、堂々と職権乱用の一手法を編み出した。顧客の中には、フィリピン大統領フェルディナンド・マルコスやザイールの独裁者セセ・セコに近いビジネスマン、アンゴラ全面独立民族同盟のメンバーが名を連ねていた。

ゲーリー・ハート曰く、「ロビー活動家たちは二〇世紀半ばに比較的ひっそりと活動を始めたが、急速に成長し、弁護士事務所と右派、左派のロビー活動事務所が派手に火花を散らすようになった。現在ではこの巨大産業は元上下院議員やそのスタッフを迎え、誰もが信じられないほど豊かになった」。選挙期間中、トランプはこれを「沼」と呼び、当選したら排水すると約束した。トランプ自身が沼を作った者たちに囲まれていたことを考えると、「ドレイン・ザ・スワンプ(沼の水を抜け)!」のフレーズは皮肉の骨頂だ。

利益団体の活動を監視する組織オープンシークレッツ・ドット・オーグによると、二〇一七年にはロビー活動に三三億四〇〇〇万ドルが費やされた。ワシントンDCのKストリート〔多数の団体の本部が位置する通り〕沿いの大手事務所では一万一四四四人のロビー活動家が雇われ、議会の政治家たちに圧力をかけている。ドナルド・トランプの大統領就任以降、沼地は水を抜かれるどころか、大統領自身の一派の援助を得て拡大した。

だがロジャー・ストーンは至って平然としている。彼にとって「政治は気晴らし」であり、「間違うよりももっとたちが悪い唯一のことは、退屈なこと」だ。一つとして目新しいことを言わず、リスクを覚悟で大胆なアイディアや現状を覆すような提案をしなければ、有権者は退屈し、面白そうな話や候補者を求めて離れていってしまう。「悪名でも有名な方が、全く無名よりもいい」

憎悪——愛よりも強力な原動力

ニクソン時代以降、ロジャー・ストーンは政界の派手な面を利用しただけでなく、これを時勢に合ったポピュリズム、トランプの伝記を記したマイケル・ダントニオの言葉を借りれば、「ある信念体系における大衆文化、愛国主義、ビジネス指向イデオロギー」[33]が混じった政治的混合物にまで高めた。

ストーンは『ストーンの法則（*Stone's Rules*）』[34]の中で、政界やビジネスの成功に不可欠なルールや法則を披露している。全部で一四〇あるルールのうち、五四は服装に関するものだ。「人生はパフォーマンス。見た目は重要だ」「信頼感や権威がカギとなるオフィシャルな場では、優れたカットの濃紺のスーツが不可欠」など、政治という自らの人生劇場で重要な役割を担うワードローブに言及し、長々と説明している。彼はオーダーメイドのダブルスーツがお気に入りなことで知られており、靴好きで有名な元フィリピン大統領夫人イメルダ・マルコスよりもたくさんの靴を持っていると冗談交じりに語ったこともある。

ストーンはポストポリティクス時代のパフォーマーであり、ソーシャルネットワークとリアリティ番組を通じて大衆サブカルチャーで勝利を収めた人工の産物だ。一九八〇年代からトランプに出馬を勧め、彼が立候補するとストーンも全盛期を迎えた。ストーンは選挙戦の立役者というより黒幕である。オバマ大統領の出生地疑惑、メキシコとの国境の壁、ヒラリー・クリントンを標的にした「彼女を投獄せよ（ロック・ハー・アップ）」のスローガン。いずれもストーンが生みの親だ。

ドキュメンタリー番組『困った時のロジャー・ストーン』のストーンは、妻、犬猫、九一歳の母に囲まれ、ほめ言葉のつもりで、実の母をトニー・ソプラノの母〔アメリカのドラマ『ザ・ソプラノズ 哀愁のマフィア』の登場人物で、計算高く偏狭な女性〕にたとえている。なぜマイアミに住んでいるのかと聞かれた彼は、小説家サマセット・モームの一節を引用して、「ここは陰のある人間にとっては陽光あふれる場所だ。しっくりきている」と答えた。

ストーンは人をけむにまく達人だ。三〇年来、商品化《コモディフィケーション》を唯一の指針として、民主主義社会をイタリアの映画監督フェデリコ・フェリーニが描くようなサーカスに変えてきた。貪欲に人やものが呑み込まれる政治ショーや、彼が失望に突き落とされたり、アンディ・ウォーホール的なオブジェに変わり果てたりする様子はめまいを起こさせ、莫大な利益を生み出す。

アメリカでは情報操作は儲かる事業であり、ストーンにとって、告訴されること自体が自らのブランド力を高めるチャンスだ。大衆を前にした特別検察官ロバート・モラーとの司法対決は、好調なトランプ寄りメディアを利用する機会となった。こうした活動がもたらす利益は、大統領支持者が語る新しい物語の上に成り立っている。判事から審理について公にコメントすることを禁じられたストーンは、法廷で、「国レベルの対話に参加する権利を侵害されている」と言い放った。

派手なファッションに身を包み、増毛したロジャー・ストーンは、異様なまでに性悪な男のイメージを作り上げた。挑発者の役割を好んで演じ、ほぼ五〇年かけて低劣な攻撃の王者として悪名を打ち立てた。侮辱はソーシャルネットワークやメディアでの彼の典型的手法であり、擁立候補者の信頼感を高めるよりも、支持者の暴力を煽ったり団結よりも分裂を生み出したりして、対立候補者の信用を貶めるのが常套手段だ。

彼は共感ではなく反感をそそろうとし、つねに攻撃、威嚇に頼る。嘲り、不意打ち、フェイク、捏造等々。ストーンにとっては、「ヘイト」こそがソーシャルネットワークの「いいね！」に値する。というのも、「憎悪は愛よりも強力な原動力」[35]だからだ。

トランプが大統領に就任した日、ストーンはウェイン・バレットの死を知らされた。バレットはヴィレッジ・ヴォイス紙の調査報道専門ジャーナリストで、ストーンについての長大な企画記事を著した人物だ。ストーンは死者にむち打つように、「ウェイン・バレットは人間のふりをした人間の大便の一片だった。地獄でくたばれ、畜生め」とツイッターに投稿した。

ストーンとウィキリークスを仲介したランディ・クレディコなる人物が、特別検察官ロバート・モラーの圧力に屈して自白すると、ストーンのもとにはかつて自分が放った罵倒にも劣らぬ悪意に満ちたメールが届いた。「お前はネズミだ、裏切り者だ。仲間をだまし討ちにするような野郎だ。死を覚悟しろ」と。

ロジャー・ストーンは罵倒のおかげで、メディアで大成功を収めた。挑発を繰り返すことの誇大妄想者はあらゆるテレビ番組に呼ばれ、一部のオルタナ右翼メディアに繰り返し出演し、時事を語った。

ゴッドファーザーの世界

「二〇一六年の大統領選は、主要メディアがアメリカの政治報道における独占状態を失った初めての選挙だった。オルタナティブメディア〔主要メディアに対する代替メディア〕から情報を得る人はますます増えていくだろう。オルタナティブメディアは日々力をつけ、その報道レベルは主要テレビ局や巨大ケーブルテレビ局をしのぐ」とロジャー・ストーンは述べている。

ストーンはリチャード・ニクソンに惹かれて政界入りしたときから、少しも変わっていない。彼は反エリート主義を有効と見て、物言わぬ大多数の人々に「我々は労働者の党だ」と呼びかけた。

ストーンは『ゴッドファーザー』の世界に生き、思考する。コッポラ監督のこの三部作が制作された一九七〇年代から九〇年代までは、ストーンがもっとも精力的にアドバイザー、ロビー活動家として活動した時代と重なる。彼は映画の登場人物にヒントを得、過剰なまでに真似ただけでなく、力の誇示についても学んだ。

ストーンは模倣の人間だ。彼は成り上がり者に典型のけばけばしい趣味や、モノにした女性を自慢するようにジャガーを見せびらかす態度、性的志向の曖昧さ、タブロイド紙にすっぱ抜かれた悪名高きスワッピング広告のせいで決して高官にはなりえず、一介の陰の参謀止まりだった。自らの神話に取り憑かれた、自己指示的世界の住人。それがストーンだ。

『ゴッドファーザーPARTⅡ』では、コルレオーネ・ファミリーの幹部フランク・ペンタンジェリが、裁判で自らの証言を否定したが、ストーンはかつての仲間の一人に、「フランク・ペンタンジェリのように行け」と、告白を撤回するよう迫った。ストーンの世界は不変だ。何十年経とうと、物語は続いていく。彼は「神話の世界」の中で進化し、これに信憑性を与えた。これこそが彼の成功のカギだ。かつてアーノルド・シュワルツェネッガーがカリフォルニア州知事に選出されたとき、フランスの哲学者ジャン・ボードリヤールは『カーニバルとカニバル』と題した遺稿[36]を発表したが、ストーンの神話の世界も「食人的《カニバル》カーニバル」だ。ボードリヤールは著書の中で、ドナルド・トランプの選挙戦で実現したロジックを、その一〇年前に解き明かした。「私たちの目の前で仮面劇が繰り広げられている。政治はもはや偶像とマーケティングの遊びに過ぎない」と。ボードリヤールは、民主主義という私たちの永遠の幻影を否定する大規模な政治的戦略が茶番劇の裏で働いていることを見抜いていた。

「アメリカはあらゆる代表制度の幻覚を起こさせるようなパロディーを通して、シュワルツェネッガーを選出することで（さらにブッシュが大統領に当選した二〇〇〇年の不正選挙)、自らに向けられた侮蔑に独特なやり方で復讐した。こうしてアメリカは想像上の力を示した。というのも、民主主義の仮面劇における前方への脱出の中で、そして価値観の崩壊と完全なシミュレーションという虚無主義的企ての中で、さらには金融と武器の分野において、アメリカの右に出る国はないし、今後も長きにわたって先を進むことだろう」

ボードリヤールによれば、覇権はもはや技術や価値観、イデオロギーの普及だけでなく、こうした価値観のパロディーの普遍化によっても顕現化する。彼は価値観の嘲弄や冒瀆の象徴的な力について、「国民の全面的不信はあらゆる人々の心をとらえる。あの世界(政治、テレビ)の驚くべき卑俗さは、ついには文化レベル0に達する」と論じた。だがそれは同時に、世界的覇権のカギでもある。「皮肉ではなく感嘆を込めて言うが、アメリカはこうした徹底的シミュレーションと共に世界を支配し、手本となる」

バラク・オバマは大統領としての最終日に、ドナルド・トランプの予想外の当選から得た教訓を側近に語った。「歴史はまっすぐではなく、ジグザグと進むのだ」と。少なくともオバマは歴史は進むと考えているが、ほぼ三〇年にわたりニューヨーク・レヴュー・オブ・ブックス誌やザ・ニューヨーカー誌のコラムでアメリカ政界について考察してきた小説家、エッセイストのジョーン・ディディオンは、歴史はジグザグを繰り返しながら進むだけでなく、後退もすると考えた。政治コメンテーターは、「シシュフォス的」作業を余儀なくされるのである〔シシュフォスはギリシャ神話の登場人物で、永遠に岩を持ち上げる作業を繰り返すことから、徒労を象徴する〕。

ディディオンは、「歴史上ある時点で明らかに見えたものも、共同体の記憶から消えていく。政治プロセスは、アメリカの川となったレテ〔ギリシャ神話に登場する川。この川の水を飲んだ死者の霊魂は前世の記憶を失う〕の中で、あらゆるものをはぎ取る情報と論評のサイクルに呑み込まれ、果てしなく崩壊する」[37]と、忘却の川、叙述的性質を欠いた時間性、あらゆる生命を象徴として凝固させる神話的不変性について論じた。

この忘却の川は一九七〇年代から様々な事物を押し流してきた。思いもかけぬエスコートガールの写真、選挙資金の会計簿、票の数え直しの明細、尋問調書、夜の闇にまぎれた空き巣狙いのリスト、精液のついたドレス、不可解な行方不明事件、セックステープ、殺人脅迫、絶妙なタイミングで爆破された車、人を乗せたままゆっくりと入り江に沈んでいく車、大統領を輩出する名門、政治経済マフィア、口外できない共謀関係、脅迫未遂事件、野球チームのニューヨーク・ジャイアンツとロサンゼルス・ドジャースの歴史的試合

（一九五一年）、弾劾手続き、弾道専門鑑識員、犯罪現場と地面にチョークで描いた人間の線、ホルマリン漬けの、あるいは汚染廃棄物のようにビニール袋に密封された証拠物、ハリウッドで永遠に硬直したままのくすんだ蠟人形、ジョン・エドガー・フーヴァー、フランク・シナトラ、マリリン・モンロー、エイブラハム・ザプルーダーが撮影した二六秒フィルム、ウォーレン委員会が作成した二六巻にわたる報告書等々。

あたかもアメリカ政界はたった一つのパターンに沿って既定の登場人物を動かしたり、変形させたり、中傷したりするかのように、すべてが進行していく。政治にヒントを得た小説や映画がアメリカ文化にあふれているのもそのためだろうか。この忘却の大河は、現実とフィクションの岸の間で、その反射を取り込んだり廃棄物を溜めたりしながら、流れていく。

第八章　ブラッド・パースカル

トランプのラスプーチン

コロナ禍で危機管理能力を問われたドナルド・トランプの支持率は急低下し、大統領選を四か月後に控えた二〇二〇年七月、選挙対策本部長ブラッド・パースカルが降格させられた。

歴史の皮肉というべきか、トランプが選対本部長の交代を発表したのは、大々的なハッキングの標的にされたツイッターではなく、フェイスブックでのことだった。かつてトランプに、大統領を目指すならツイッターではなくフェイスブックを利用すべきだと説得したのは、ほかならぬパースカルだ。パースカルは二〇一七年一〇月のＣＢＳテレビのインタビューで、自らの戦略について、「私はかなり早いうちに、トランプはフェイスブックのおかげで勝利するだろうと理解した。ツイッターでも発信していたが、勝利のカギはフェイスブックにあった。(中略)フェイスブックは彼の手法であり、彼はこのハイウェイに乗ったのだ」と簡潔に語った。

パースカルの降格劇にまつわる皮肉はこれにとどまらない。彼が降格されたのは、オクラホマ州タルサでの初集会後のことだ。一万九〇〇〇人を収容できるスタジアムを押さえたものの、ふたを開けてみると集会には六〇〇〇人しか集まらなかった。その数日前、パースカルは一〇〇万人以上の参加申し込みがあったと言っていたが、空席の列を前にして演説するトランプの映像は、再選への道筋をつける初集会としては決して幸先がいいとは言えなかった。だが何にもまして打撃を受けたのは、それまで組織力の点では右に出る者がなく、確実な予測家と謳われたパースカルの評判だった。いくら彼が言い訳したり、反トランプのデモ参加者のせいにしたりしようとも、神話についた傷は隠しようがなかった。

コミットメントの魔術師

二〇一六年の大統領選以降、パースカルの戦略の中心は集会だった。二〇一五年六月一五日から二〇一六年六月三日にかけての予備選で、トランプは一八七の集会を開き、指名後もペースを崩すことなく、二〇一六年六月一〇日から一一月七日にかけて一二九の集会を開いた。時事問題のインターネットサイトSａｌｏｎは、「彼はどこにでもいる。見本市、コンベンションセンター、ラスヴェガスのカジノホテル、空港、スタジアム、コンサートホール、ジャクソンヴィルの馬場にもいる。毎日のように集会を重ね、同じ日に別々の二つの町で開かれた集会をかけ持ちすることもある」と報じた[38]。

パースカルは集会を利用して、有権者の動向を正確に分析、予測するためのデータを取ろうと考えた。電話番号と引き換えに集会の入場券を渡せば、次の集会に支持者を集めるためのデータベースを作れるし、集会を開催するたびにデータベースが増大する。二〇一六年も二〇二〇年も、パースカルはこの「良循環」を基本に戦略を練った。

二〇一八年に入った時点で、ほぼ三五〇〇万人の支持者の電話番号が集まった。トランプ派の膨大な寄付者データのおかげで、パースカルは支持の確定していない州の有権者や、前回の選挙でトランプに投票しなかったラテン系、アフロアメリカ系に的を絞った広告を打つことができた。

トランプがすべてのソーシャルネットワークから締め出されても、こうした戦略のおかげで、ショートメッセージで支持者にリーチできる。パースカルとスタッフは、選挙集会をフルに活用した。開催先では、一週間地元メディアを惹きつけておくため、集会の数日前から別のイベントを開催した。たとえばトランプの義娘ララ・トランプはウィメン・フォー・トランプという集会を開き、副大統領候補マイク・ペンスは地元企業を訪問した。集会参加希望者はトランプ陣営のウェブサイトに登録し、個人情報を入力する。その後、パースカルのチームがこの情報を利用するというわけだ。背が高く（二メートル以上）、バイキングのようなひげを生やし、赤毛をとさかのようにカットし、政治参謀というよりもヘヴィメタルファンのようなパースカルは、会場を盛り上げたり、ＭＡＧＡ（「再びアメリカを偉大な国にする」Make America Great Again）とプリントされた野球帽を聴衆に投げたり、「トランプ」という言葉を特定の電話番号に送信するよう呼びかけたり（データベースをさらに広げるため）と、自ら積極的に動いて、集会にはおなじみの存在となった。

パースカルはこうした戦略を実行するために選対本部長に任命されたが、彼によれば、トランプ陣営はメールやソーシャルネットワーク上の広告やメディアの記事よりも読まれる確率がはるかに高いショートメッセージを一〇億通以上送信する能力があったという。かくてパースカルは稀代の天才と評され、伝説を打ち立てた。携帯電話を介して数百万人もの有権者にリーチし、世論の動きを観測する能力を持った、いわば鉛（トランプ集会という道化）を黄金（有権者の「コミットメント」）に変える錬金術師だ。選挙戦のデジタル戦略担当者は二〇二〇年に、「私たちは三年来、二四時間この課題にかかりきりだ」と述べている。

パンデミックはこの見事なメカニズムに歯止めをかけた。タルサでの集会はその証拠だ。集客率の低さの一因に挙げられるのが感染への恐怖で、二週間後には感染者数が急上昇した。六月二八日から七月四日にかけて、町の感染者数は二〇パーセント減少していたのに、突如として一日の新規感染者数が二〇〇人以上に上昇した。タルサの集会は単なる失敗ではなく、番狂わせの失敗だった。選挙対策そのものが見直され、集会が中止され、トランプ陣営は目隠しをされたも同然の状態に陥った。すべてを予見するはずのパースカルは、虚をつかれた。

二〇二〇年一月末の時点で、伝説の選対本部長は自信満々だった。彼は中国との通商協定、イランの軍人ガーセム・ソレイマーニー殺害、半世紀来最低の失業率など、トランプ在職中の業績を上げて、意気揚々と「直近の六か月は最高の時期だった。（トランプは）たった一期で経済規模を倍増させた。これはかつて誰もなしえなかったことだ」と述べた。彼がこう語った一月二三日、中国から気になる情報が寄せられた。

四月初旬になると、アメリカはＷＨＯからコロナで最多の死者数を出した国と名指しされ、どの州でも感染に歯止めがかからなかった。

パースカルはニューヨーク・タイムズ紙で、深刻な公衆衛生状況を指摘したロバート・ドレイパーに対し、「私はパニックに陥るタイプではない。どこでどのように対処するかを考えるよりも、優れた基本構造、適材適所、目的の明確な理解の方がずっと重要だ」と答えた。彼はバイデン陣営より自分たちの方がずっと有利だと信じきっていた。「今のところ、トランプ対バイデンなら、向こうは完敗だ。我々が戦車で走っているとすると、向こうはカービン銃を操作しているようなものだ」[39]

更迭されたパースカルは戦車から脱落したように見える。投票一一一日前に彼を解任したトランプの決断に驚く者はいなかった。トランプにはこうしたやり方は珍しくなく、まだリアリティ番組『アプレンティス』に出演しているかのように、人を出世させたり切り捨てたりする。番組での決まり文句は「お前はクビだ！」だったが、この言葉はトランプ本人をしのぐ力を持っている。トランプは困難に見舞われると、誰かを左遷せずにはいられない。二〇一六年の選挙戦は椅子取りゲームにも似て、選対本部長ポール・マナフォートはコーリー・レヴァンドフスキに席を明け渡し、レヴァンドフスキも投票を二か月半後に控えて、スティーヴ・バノンに取って代わられた。

トランプはスタッフを左遷するだけではなく、ホワイトハウス入りすると、歴代大統領の肖像画も外させた。スターリン時代に、失脚した高官の姿が公式写真から消されたのと同様だ。複数の証言を得たCNNによれば、トランプはホワイトハウスのエントランスホールに飾られていたビル・クリントン、ジョージ・W・ブッシュの肖像画を外させ、ほとんど誰も入らない部屋に「降格」したという。彼らの顔を毎日見ることに我慢がならなかったのだろう。バラク・オバマの肖像画はまだ公開されていないが、〔二〇二〇年〕一一月の選挙後になると見られる〔実際には二〇二二年九月に公開された〕。

かつてジョン・F・ケネディは「勝利には一〇〇人の父がいるが、失敗は孤児だ」と語った。トランプの勝利の父は第一に、選挙戦開始後しばらくしてから合流したケンブリッジ・アナリティカ副社長、ブライトバート・ニュース・ネットワーク会長スティーヴ・バノンだ。しかし選挙戦の例にもれず、状況はかなり込み入っている。のちにトランプはバノンをホワイトハウスから退け、大統領当選に彼が果たした役割は「非常に限定的だった」と語った。バノンに代わり広報一般を担当したのがブラッド・パースカルだ。サンアントニオの無名のインターネットサイト開発者は、ついにトランプのデジタル広告ストラテジストに任命された。

ミネソタ大学の政治・ガバナンス学センター所長ラリー・ジェイコブスは、トランプのスタッフだったパースカルと、ジョージ・W・ブッシュのアドバイザーだったカール・ローヴを比較して、「カール・ローヴはその戦略の冴えから、ジョージ・ブッシュのブレーンと目されていた。パースカルはドナルド・トランプのソーシャルメディアのラスプーチンだ」と述べた。パースカルが左遷され、彼に代わりカール・ローヴが抜擢されるのではないかと噂されていたことを考えると、この比較は示唆に富んでいる。

大統領選が終わると、負けた陣営のスタッフは無能と見なされ、勝利した陣営のスタッフは天才と呼ばれる。トランプ当選直後、CBSテレビの番組『60ミニッツ』の女性司会者はパースカルに、「何が起こったのでしょう。奥の手があるのですか。魔法の杖を持った人がいるのでしょうか。あなたは陰のオズの魔法使いなのですか」と聞いた。パースカルはしばらく考えてから、「いいえ、それは言い過ぎです。でも私は……、自分が大役を担ったと思うかと聞かれれば、答えはイエスですね」と答えた。

強力なアドバイザーという神話

メディアが執拗に強力なアドバイザーを取り上げるのは、今に始まった現象ではない。英国首相だったトニー・ブレアのスタッフ、アラステア・キャンベルやピーター・マンデルソンが果たした役割は、一〇年にわたり政治コラムをにぎわせたし、ジェームズ・カーヴィルやジョージ・ステファノプロスなくして、ビル・クリントンは大統領にはなりえなかっただろう。少なくとも、ドン・アラン・ペネベイカーとクリス・ヘジダスによるドキュメンタリー映画『クリントンを大統領にした男』が伝えようとしたのはこの点で、支援スタッフの視点から見たビル・クリントンの選挙戦を描いている。大統領候補者ではなくストラテジストが主人公の選挙戦映画はこれが初めてだ。

カール・ローヴはメディアからG・W・ブッシュの「ブレーン」と呼ばれ、デイヴィッド・アクセルロッドはニューヨーク・タイムズ紙から「オバマのナレーター」と称され、バラク・オバマ当選の立役者と言われた。

それぞれが自分のスタイルを持っている。ジェームズ・カーヴィルは卑俗で攻撃的。ルイジアナ州出身であることから「怒れるケイジャン〔ルイジアナのフランス系住民〕」と呼ばれた。ジョージ・W・ブッシュから「堆肥の花」と呼ばれたカール・ローヴは粗野で陰険。何人ものアフロアメリカ系知事や市長の選出に一役買い、バラク・オバマを当選に導いた（彼の言葉を借りれば「人生最高の仕事」）。デイヴィッド・アクセルロッドは誠実で情熱的。そしてスティーヴ・バノンは、「レーニン主義者」「テューダー朝のトマス・クロムウェル〔一六世紀のイングランド王ヘンリー八世の側近。のちに失脚し、処刑される〕」を自称し、ホワイトハウスから追放された後は、ヨーロッパに国粋主義的《ナショナリスト》革命を持ち込もうと考え、手始めにイタリアに目をつけた。

それぞれが当時の政治広報の産物であり、カーヴィルはテレビ、ローヴはFOXニュースなどのケーブルテレビや二四時間ニュース専門局、アクセルロッドはソーシャルネットワーク時代の申し子だ。ブロガー、アンドルー・サリヴァンは、オバマの選挙戦で大規模な運動と前代未聞のファンドレイジング〔活動資金を個人や組織から集める行為〕を促した「フェイスブック政治」をたたえた。だが英国のEU離脱とトランプの大統領戦で、「フェイスブック政治」は大々的人心操作、フェイクニュース、有権者の「マイクロターゲティング」の同義語となった。ケンブリッジ・アナリティカの元社員クリストファー・ワイリーはオブザーヴァー紙とニューヨーク・タイムズ紙で、同社が数千万人分のフェイスブックユーザーの個人情報をEU離脱派陣営、次いでトランプ陣営に渡したと暴露した。

ザ・ニューヨーカー誌は二〇二〇年の大統領選を見据えて、トランプ陣営におけるパースカルの役割を論じた。記事[40]によれば、パースカルは二〇一六年の大統領選後、トランプが不快感を覚えたりパースカルに操られていると感じたりしないよう注意しつつ、自己アピールを試みたそうだ。祝勝会が終わりに近づいた午前三時四五分、彼は「デジタル」そして「#winning（勝利）」という言葉をツイートし、数日後には、「自分の目的は、選挙の未来がデジタルにあると示すこと。目的は達成された」と書いた。

彼を快く思わない人にとって、パースカルは「フェイスブック政治」の波にうまく乗ったテクノロジーオタクに過ぎない。典型的なトランプ支持者の例にもれず、彼も白人で、単純な言葉を操り、頑固で絶対に謝罪せず、自信満々で、プロフィール写真では炎を吐いている。

彼は自分は偶然ドナルド・トランプと出会うまでは、取り立てて野心もない田舎者だったとか、トランプ当選における自分の功績は、二〇年来やってきたことの延長に過ぎないと語っている。パースカルの同僚の一人も、彼は当初「無名で、ノートパソコンを使って一人でフェイスブックの広告を買っていた」と述べている。

彼は徐々にトランプ一族、特にトランプの娘婿ジャレッド・クシュナーと親しくなり、選挙戦ではオンラインマーケティングに大幅に予算を割くよう説得した。クシュナーに付き添ってエアフォースワンに同乗し、進行中のオンライン活動をトランプにブリーフィングすることもあったが、トランプ本人はあまり興味がなかったようだ。テレビの前で長い時間を過ごしてきたトランプにとって、重要なのはテレビ広告だけだった。自分の懐を温めるためにフェイスブック広告に大金を費やしているとパースカルを非難したことさえある。ワシントン・ポスト紙によれば、あるときトランプは「フェイスブックで何百万ドルも無駄にした」とパースカルを叱責し、テレビ画面を指さして、「選挙に勝つにはこれだ」と言ったが、パースカルは「次の大統領選に勝ちたいなら、フェイスブックで勝つことです」と答えたという。トランプは渋々ながらも譲歩した。

パースカルはトランプと同じく、何度も自伝を書き換えている。報道機関プロパブリカのインターネットサイトとテキサス・マンスリー誌に掲載された記事は、「彼の人生や選挙戦での功績の話は、誇張と若干の真実とフィクションの融合だ」と論じている。四二歳の彼はバノンほど毀誉褒貶が激しくなく、長身だがトランプの影を薄くすることもない。型破りな人物で、長い間政治的信条も持たず、ビジネスと金儲けに励んできた。二〇一一年にウェブのデザインや管理を手がけるようになり、テキサス州サンアントニオでインターネット小企業の社長を務めた。トランプグループの不動産会社と大型契約を結んだことがきっかけとなり、ドナルド・トランプ本人と出会い、彼の息子や婿からの信頼を得た。二〇一五年、億万長者の大統領候補者トランプは、パースカルに選挙戦に向けたウェブサイトの立ち上げを任せ、翌年六月には選挙戦デジタルメディア部長に任命した。二〇一六年一〇月、投票のわずか数日前に経済専門通信社ブルームバーグは、「パースカルはトランプ陣営の中でも、彼の名でツイートできるわずかなスタッフの一人」と報道した。

彼のオンライン伝記には、「マーケティングウェブの国際的コミュニティの第一線で活躍」と書かれているが、実際は彼が経営していたパースカル・メディア社は、タトゥーサロンの隣に小さなオフィスを構え、主に古くからの地元企業のウェブサイトを制作していた。二〇一〇年、パースカル・メディア社は、郡裁判所判事に立候補した保守派弁護士カレン・クラウチのウェブサイトの立ち上げを任され、大きな文字で「犠牲者を尊重し、犯罪者には正義を」のスローガンを掲載した。

本人は、「自分は無趣味で、FOXニュース、CNN、MSNBCを見るのが楽しみだ。本も読むが、それは主に仕事のためだ。一八九六年以降の選挙については読み尽くしたが、ほかと比べて重要さの点では劣る選挙については飛ばした。目下、選挙について五冊目の本を読んでいるところだ」と語っている。[41]

二〇一六年の選挙戦で、トランプ陣営はトランプタワー五階に本部を構えたが、パースカルはサンアントニオ空港近くにあるトランプのオフィスからデジタル活動を指揮した。ブラッドを知る人は、彼の競争心の激しさを指摘する。[42]「彼はどんな場面でも勝ちを狙う。スナップチャットのフィルター、YouTubeの生中継、SMSを使った資金集めなど、あらゆるオンライン手段を使ってトランプをアピールしたが、何よりも重視したのがフェイスブックだ」

プロジェクト・アラモ

「プロジェクト・アラモ」本部には、最大で一〇〇人ほどが詰めていた。陣営スタッフ、共和党全国委員会のスタッフ、業者——フェイスブック、グーグル、ツイッターそしてケンブリッジ・アナリティカなどの様々なテクノロジー企業——のスタッフを含むタスクフォースだ。パースカル本人、彼に率いられたチーム、GAFAMから派遣されてきたアドバイザーが入れ代わり立ち代わり働いていた。

二〇一六年の投票直前、ブルームバーグ・ビジネスウィーク誌の記者二人が本部を訪れ、ノートパソコンを前にしたパースカルの姿を写真に収めた。彼の後ろには、「親トランプバイク野郎（Bikers for Trump）」のポスターと、トランプの顔が印刷された偽一ドル札、リンカーンの言葉とされる（事実ではないが）一節が書かれたポスターが貼られていた。彼は記者に、「政界の人たちが、こうしたこと（政治）がさも神秘的であるかのように振る舞うのはなぜだろうと不思議に思っていた。これはビジネスの場合と同じくくずみたいなもので、呼び方がもっと洗練されているだけの話だ」「フェイスブックに『フェイスブック用に一億ドルを割くつもりだから、マニュアルを送ってくれ』と依頼したところ、『マニュアルはございません』という答えが返ってきた。『じゃあ、生きたマニュアルを送ってくれ』と言ったのさ」と語った。

そこでフェイスブックは二〇一六年六月に、共和党関連の案件を数回担当したことのある広告部の社員を一人派遣した。この社員はその後の四か月間のほとんどをサンアントニオで過ごし、トランプ陣営とオンラインでつないで仕事をした。フェイスブックのほかの社員もオフィスで半定期的なシフトを組んでカバーし、グーグルとツイッターからも営業担当者が派遣された。

数人のアドバイザーを含むサンアントニオでのパースカルの下請け業者の中には、ケンブリッジ・アナリティカから派遣されてきた社員もいた。同社は、二〇一四年に八七〇〇万人のフェイスブックユーザーのデータを取得したことで知られている。彼らの存在は世論の憤慨を買った。その大きな理由の一つが、同社は英国のEU離脱、ケニア大統領ウフル・ケニヤッタによる情報操作、フィリピン大統領ロドリゴ・ドゥテルテの独裁的プロパガンダ戦術など、近年のもっとも虚偽に満ちた複数の政治キャンペーンに関わってきたからだ。

ケンブリッジ・アナリティカ最高経営責任者アレクサンダー・ニックスはトランプ当選の立役者を自認していたが、クリストファー・ワイリーが内情を暴露してスキャンダルを引き起こし、同社は窮地に陥った。隠しカメラで撮影されたビデオで、ニックスは、自分たちがトランプを当選させたのだと鼻にかけ、「自分たちはあらゆるリサーチ、データ、分析、ターゲット設定を実施し、デジタルとテレビでのキャンペーンをくまなく行った。自分たちのデータは戦略そのものを左右した」と語った。

ブラッド・パースカルはニックスの発言を「途方もない嘘と愚」と断じた。パースカルの発言だけを聞くと、彼が一人でプロジェクト・アラモを主導して、トランプ陣営全員をインターネット上でまとめたかのように思える。選挙戦終盤の数週間、パースカルはニューヨークのトランプ陣営本部に詰め、サンアントニオのスタッフの指揮をケンブリッジ・アナリティカの技術担当マット・オズコウスキーに任せた。

ケンブリッジ・アナリティカの元社員で、ネットフリックスのドキュメンタリー『グレート・ハック：SNS史上最悪のスキャンダル』で有名になったブリタニー・カイザーは、著書『告発 フェイスブックを揺るがした巨大スキャンダル』[43]で、自らの視点から見た経緯を綴っている。「サンアントニオはトランプ陣営の中枢だった。なぜか？ ブラッド・パースカルが住んでいたのがサンアントニオだったからだ。彼は長いこと、トランプのもとでウェブデザインを担当してきた。億万長者のトランプからデジタル担当者に選ばれたが、問題は彼にデータ分析やデータに基づく情報発信の経験がほとんどなかったことだ。我々はトランプがケンブリッジ・アナリティカを必要としていたことは知っていた。(中略)ケンブリッジ・アナリティカの第一陣が六月にサンアントニオに乗り込んだときには、トランプ陣営のデジタルコミュニケーションは膠着状態に陥っていた。現場に到着したチームは仰天した。ブラッドは有権者のモデル化にも、マーケティングシステムにも一切着手していなかった。五つの調査企業が情報を収集していたが、すべてが矛盾していた」

ケンブリッジ・アナリティカのチームが大急ぎで策定した選挙戦略は、三つの段階からなっていた。トランプ陣営はファンドレイジングに着手していなかったので、寄付に向けたリスティングと呼びかけが急務だった。「トランプがカメラの前で何と言おうと、彼は自身で選挙資金を調達しなかった」とカイザーは述べている。一か月後の第二段階の中心は説得だった。投票先を決めていない人を特定し、何としてもトランプに投票するよう説得するのだ。第三段階は有権者の動員が中心で、彼らが選挙人名簿に登録されているかを確認し、投票に行くようトランプ支持者に強く呼びかけた。

カイザーによれば、「誰もが、トランプ陣営はソーシャルネットワークに巨額を投じると確信して、仕事に取りかかった。結局、集まった金額はそれまでの記録を塗り替えた。ケンブリッジ・アナリティカ経由だけでも、オンラインでの情報発信に一億ドルが投じられ、そのほとんどがフェイスブックに割かれた」

フェイスブックは選挙戦協力を「上ランクの顧客サービス」と呼び、ツイッターは「金銭的見返りのない仕事」と述べている。ツイッターが開発した「カンバセーショナル広告」では、おすすめのハッシュタグをクリックするだけで、コンテンツとハッシュタグが自動的にリツイートされる。スナップチャットはさらにイノベーションを進め、データ収集ツールを備えた「ウェブビュー広告」というシステムと、頻繁に接続する若者をターゲットとした「ダイレクトレスポンス」という新機能とを組み合わせた。

ブリタニー・カイザーは、検索中のユーザーの目に「最初に入る」項目を管理することで利益を生む可能性を広げたグーグルの手法について、詳細に語っている。「ユーザーがグーグルで『トランプ』『イラク』『戦争』のキーワードで検索すると、最初にヒットするのは『ヒラリーはイラク戦争の支持に一票を投じ、トランプは反対した』の項目だ。クリックするとトランプ寄りの活動委員会のサイトに飛び、リンク先のページでは、『腐敗したヒラリーはイラク戦争賛成に票を投じた。何て選択だ!』と書かれている。また検索バーに『ヒラリー』『ビジネス』と入れると、最初にヒットするのが『lyingcrookedhillary.com(嘘つきで腐敗したヒラリー)』というページだった」

フェイスブック——キングメーカー

元共和党ストラテジスト、ケイティ・ハーバスは長いこと、ワシントンのフェイスブックで選挙戦を担当する部署を率いていた。二〇〇八年に元ニューヨーク市長ルドルフ・ジュリアーニの大統領選に加わり、三年後にはフェイスブックにヘッドハンティングされて、世界各国の選挙関連事業を監督するようになった。フェイスブックはあらゆる志向の党に無償でサービスを提供していたが、ザッカーバーグによれば、こうしたネットワークは、顧客のイデオロギーの内容に関係なく、フェイスブック機能の利用を補助することを目的としていた。だが実際はより有意義な民主主義の討論を促すどころか、情報操作と過激派イデオロギーの普及を加速させた。そこに「荒らし屋集団《トロール》」が加わることもある。

フェイスブックに合流したケイティ・ハーバスは、各国を回って、政治方面の顧客がフェイスブックの強力なデジタルツールを使いこなせるよう支援した。「インドからブラジル、ドイツ、英国まで、担当部署の社員は事実上活動家となった」とブルームバーグニュースの記者は報じている。[44] インドでは、首相ナレンドラ・モディがインターネット上で存在感を強めるのに手を貸した。現在、モディにはどの国の首脳よりも多くのフォロワーがいる。フィリピンでは、超法規的殺人を煽ることで知られるロドリゴ・ドゥテルテの選挙アドバイザーとして協力し、ドイツでは、連邦議会で初議席獲得を狙う極右政党ドイツのための選択肢（ＡｆＤ）に手を貸した。程度の差こそあれグロテスクな専制的リーダーのバックには、ウェブの天才だけでなくソーシャルネットワークとその商売人たちのしなやかなネットが張られていて、コードと複製形態を提供することで、民主主義の討論に潜り込み、影響を及ぼす。

二〇一六年までフェイスブックでヨーロッパ、中東、アフリカの政治部署を統括していたエリザベス・リンダーは、「選挙戦にこれほど深入りするのはフェイスブックの仕事ではない」と語る。彼女は選挙戦に力を入れる同社に疑問を抱き、退職した。

パースカルはドナルド・トランプの当選において、いかなる役割を果たしたのか。彼は巷で言われるようなＩＴの天才というわけではないだろう。トランプの予想外の勝利を説明するのにおあつらえ向きの神話、というのがせいぜいのところだ。この勝利の物語の穴を埋めるのに適した派手な人物とも言える。

二〇〇八年の大統領選でオバマ陣営を率いたデイヴィッド・プルーフは相対的な観点から、「選挙戦はその周縁でしか正当でない」と述べた。これは看過できない論だ。二〇一六年の選挙戦でわずか数万票が決め手となったように、周縁が結果を左右することもありうるのだ。だがプルーフは、「選挙戦は時勢を作るのではなく、それを利用することしかできない。その場合でも、有権者の動向がしっかりと確定していなければならない」とも論じている。ロバート・ドレイパーはニューヨーク・タイムズ紙で、「大統領が国を救わないのに、その大統領を救えるようなスローガン、歴史、陣営などあるだろうか」と問うている[45]。

パースカルをよく知る共和党アドバイザーは、「わかりやすく言えば、パースカルは二一世紀版スティーヴ・ジョブズだと思えばいい。彼はろくでなしではないが、誇大宣伝をする。けれども自分でもその点を意識するだけの知性は備えている」と語る。

二〇一六年、トランプ陣営は戦略を転換して、前代未聞の額の予算をソーシャルネットワークに割き、本部をトランプタワーからサンアントニオに移した。プロジェクト・アラモ本部に詰める部隊は、ＧＡＦＡＭからの派遣社員が多数を占めていた。それまで、いかなる陣営も選挙のカギを外部企業に託したことはない。逆説的ではあるが、パースカルの無経験とフェイスブックのノウハウが合わさって、トランプに勝利をもたらしたのだ。

結論
数の法則

フランスの作家バルザックの『知られざる傑作』は、かつてない見事な女性の肖像画を描いて完璧に到達しようと倦むことなく模索する画家の物語だ。彼は自分の芸術の水準を高く評価するあまり、最高傑作を生み出すことができない。しかし幸運にも、この上なく美しいモデルと出会い、ようやく望みがかなえられた。だが作品を見せられた友人の画家たちが目にしたのは、「色彩のカオス」以外の何物でもなかった。

小説にはこう書かれている。「近寄ってみると、キャンバスの端の方で、色彩、トーン、ぼんやりとしたニュアンスのカオス、いわば形のない霧から出ている裸足の爪先が見えた。だがその足は魅力的で生き生きとしていた。まるで焼き尽くされた町の瓦礫から出現したパロス島の大理石のヴィーナスの上半身のようだ。ポルビュスは『この下には女性がいる』

と叫び、完璧を求める老画家がこの人物のあらゆる部分に次々と重ね塗りした色彩をプーサンに示した」

不可能な受肉

バルザックが画家のつまずき、躊躇、執拗さ、失敗を通じて示した表象には、どのような限界があるのだろう。そこには言語を超えた誇張は一片もなく、描くという行為の核に刻まれた謎を私たちに指し示している。

哲学者ジョルジュ・ディディ゠ユベルマンは『受肉した絵画』の中で、画家の地獄、画家がその底に降りていき命を連れて戻ってくる地獄は、肉色であるとして、「肝心なのは肉体を色で包むことではない。色はまとうものではなく、覆うように肉体の上に塗られるべきものでもない。色が肉体を包むとき、それは屍衣、あるいは化粧に過ぎない」と書いている。

バルザックの短編小説は読者を、描くという行為そのものに刻まれた表象の神秘の中心、

「受肉」の謎、絵画をめぐる疑問（対象としての肉色、表現された生の限界）と同時に政治をめぐる問い（機能の受肉）へと誘う。

政界の画家は『知られざる傑作』の主人公のように、消えゆくものを描くという表象の逆説に直面する。政治的人間《ホモ・ポリティクス》の姿は一筆ごとに、何十年もかけて、「化粧」や「屍衣」である厚い色彩の層の下で崩れ、ついには消滅する。

だがそれを引き起こすのは画家の失敗や、過度な要求の高さではない。現実に政治的人間《ホモ・ポリティクス》は消滅する。露出が頂点に達したまま、公然と消えていく。道化師はその究極の異形なのである。

三〇‐四〇年ほど前から、政治的人間《ホモ・ポリティクス》は二重の意味でもはや「識別」することができなくなっていた。二重の意味とは、見知った顔を識別することと、外来の権力、主権者を識別することとを指す。政治的人間《ホモ・ポリティクス》は識別不能となり、不均衡にさらされ、複数の混乱した革命に苦しめられた。すなわち、行動と福祉国家の手段を奪った資本主義革命（ネオリベラル革命、金融化）、インターネットの爆発的普及、ＧＡＦＡＭにデータ取得およびアルゴリズム処理の道を開いたソーシャルネットワークの増殖とそれに伴うデジタル革命など、国家の主権を危機にさらしたグローバル化である。

政治的人間《ホモ・ポリティクス》のみならず、その正当性ももはや識別できない。政治的人間《ホモ・ポリティクス》はかつてのような代表者ではなく、見るに堪えず、今後の民主主義の中心で、表象の同意を蝕む疑念を二重に負っている。政治学者ダイアン・ルーベンスタインは著書『これは大統領ではない（*This Is Not a President*）』で、ロナルド・レーガン以降のアメリカ大統領について論じた。彼女はレーガンに続く大統領たちの経歴《バイオグラフィー》の中に大統領的「病歴《パトグラフィー》」を見、それが「毎日行われる懺悔のようなインタビュー、トークショーでの表面的な親密さ、誇張に走りがちな雑誌に服従し」、注目を集めるために絶えず競争を強いられる「大統領のテレプレゼンス〔遠くにいながら目の前にいるような感覚および、そうした感覚を起こさせる技術〕」と関連していることを指摘した。「大統領職は単なる幻想の対象と化した。大統領は象徴や表徴というよりも、我々の矛盾した欲望が投影される場である」[46]。こうした政治的表象の危機において、歪曲は正当性の喪失と結びつく。

政治的人間《ホモ・ポリティクス》の姿は私たちの目にとまらず、その消失は私たちに疑問を投げかける。政治記者たちは容疑者を追跡するかのごとく、彼らの言葉を借りれば、国の指導者を「フォロー」し、果てしなくコメントを流す。

長きにわたり、主権者の顔は紙幣や硬貨に刻まれ、支配下の王国各地の公的建物を飾り、容易に識別できた。主権と表象は一対になって、現実における支配力の掌握、働きかけの力、人心の掌握、可視性、正当性を確保していた。人々はこれを「受肉」と呼んだ。主権は出現の儀式、祭礼、表徴、その衣装にさえ現れていた。ジョルジュ・ディディ＝ユベルマンは、今は使われなくなった一六世紀の「衣服《ヴェステュール》」という言葉を取り上げ、この言葉に含まれる二重の語義、すなわち授与《アンヴェスティテュール》と衣服《ヴェトモン》における壮麗さと権力のつながりを指摘した。国家の施政は権力の可視性に結びついている。政治は可視の世界に根付いており、民主主義は熟議の透明性と真実の場において明示される。

政治のホログラム《ホログラム・ポリティクス》

逆に政府を襲う不信は、隠れた勢力の持つ権力を肥やしにして増大する。銀行、格付け会社、誰とも知れぬ億万長者、我々を監視し、秘かにデータトレースを利用しているとされる具体性を欠いたＧＡＦＡＭは、権力を握る隠れた勢力と信じられている。陰謀論は、こうした権力の不可視化のもとで拡大する。秘密主義の風潮、ビッグデータのブラックボックス、アルゴリズムやその予測手段が握る謎の権力。もはや私たちはスペクタクルではなく黒魔術の渦中にいる。権力と反権力、上演と演出のニュートン力学は、しばしば量子力学になぞらえられる新法則が支配する世界には通用しない。政治的物質、その姿形、儀式を引き寄せ、吸収するブラックボックスの中に、管理の過程と透明性、表象の法的基準、正当な権力の印が投げ込まれる。この貪欲な呑み込みのメカニズムこそが、グロテスクな権力なのだ。

それでも政治的人間《ホモ・ポリティクス》は国家を後ろ盾にしているが、国家主権はあちらこちらで漏洩し始めている。国家主権の危機は、権力とその表象の仕組みからなる結合を分断した。一方には匿名の官僚がおり、もう一方には力を失った首長、裸の王がいる。一方には顔のない権力(銀行、金融市場、国際組織)があり、もう一方には無力な面々がある。王は斬首されただけでなく、歪曲された。王の肖像は色彩のカオスの中に消え、中身のない形、歪んだ顔、非物質化して実体のない主権者の身体が残った。王はホログラムのように複製され、非現実的な姿でスクリーンに登場する。その言葉は漠とした混沌の中で舞うが、広報官の表現を借りれば、もはや「伝達」されはしない。王は人々に忘れられぬよう絶えず露出していなければならないが、反復によって一貫性の点で得られるはずのものが、露出によって失われる。これは道化師の姿で現れる亡霊、強迫観念のロジックである。

コロナウィルスのパンデミックは、国民国家の働きかけの力を問うた。パンデミックは、特定の治療法がない限り医学的に「手の施しようがない」と同時に、経済、環境、公衆衛生面での挑戦の前に無力な国家をさらしたという意味で、政治的にも「手の施しようがない」のだ。パンデミックは国家の無力さを際立たせ、悪化させる。

パンデミックは公衆衛生のみならず、叙述の危機でもある。トランプはコロナウィルスを否認したが、ウィルスは世界に自らの物語を強いた。公衆衛生機関は物語を語ろうとするが、もはや誰もそれを信じない。ウィルスは身体器官や機能だけでなく、国家の主権をも攻撃し、解体し、不安定にし、保護、警戒、救助、活動連携といった国家の主要機能を脅かす。「彼らは『もっとやるべきだ』というが、もはや何もすべきことはない」(二〇二〇年二月二八日のトランプの言葉)

Ｃｏｖｉｄ―19は力を奪うウィルスであり、政府を攪乱し、社会のあらゆる悪を増幅させ、その悪に名を付して分析する我々の能力を弱らせる。「コロナの叙述《コロナラシオン》」の危機とも言うべき言語と物語の危機は、ウィルス同様、軽症のこともあれば重症化することもあり、無症状、すなわち沈黙する場合もあれば、言語内で発熱することもある。

ウィルスは矛盾の対立を引き起こし、言い違いや、誰からも信じられることのない否認、議会の演壇で惨めな姿をさらす言語行為といった比喩《メタファー》を生み出す。信頼性の暴落の中で安泰な将来は瓦解し、すべての発話者は信頼とはほど遠い語り手であることが明らかになる。

誰一人として例外ではない。いかなる正当な権威も、政府も、公衆衛生機関も、意見の一致を見ない疫学者も、ダウ平均株価についてにぎにぎしくコメントする株式解説者のようにパンデミックの推移についてメディアで仰々しくコメントする専門家も。今や叙述の根源はことごとく無効とされるが、それでも世は明らかに叙述にあふれている。権力の言説が増加すればするほど、言説は曖昧と矛盾の様相を呈す。

危機のあらゆる瞬間において、言説は矛盾し、覆された。そして覆されるごとに、不信という対価を支払わされてきた。人々の現実の経験と公の物語の乖離は、危機を重ねるごとに叙述の信頼性を蝕んでいった。嘘と噂という偽貨が出回り、良貨を駆逐する。言語の基準値への信頼が弱まると同時に、真と虚、現実と虚構の境界も曖昧になっていく。

パンデミック時の国の施政とは、もはや将来を見通すことではなく、予測不可能な事態を切り抜けることを意味する。共同の目的に向かって市民を動員するのではなく、市民を固定化し、孤立させることを意味する。共同体の生活環境を設計するのではなく、あらゆる形態の団結を時間と空間において停止させることを意味する。指導者はウィルスに対抗するのにロックダウン以外の方策を持たないが、それを受け入れれば、揺れ動く権力の症状と弱さが露呈することになる。パンデミックは優れた統治への挑戦なのだ。

働きかけの力も解決法も対処法も主権も失われ、失われた主権の演出が残された。これは道化師の暴政の派手《スペクタキュレール》な面であると同時に、亡霊的《スペクトラル》な面でもある。もはや権力からは不安定な印象しか感じられず、表象の装置には分解され、廃れた、あるいは滑稽な形しか残されていない。国民国家の行為、姿、儀式はもはや支配力の表徴でもなければ、権力の形態でもなく、手足を奪われた国家の四肢の幻影、失われた主権の幻覚の姿である。あれほどたたえられた国民《ナシオン》もしかりで、「幻覚の国民《アリュシナシオン》」に過ぎない。

ウェンディ・ブラウンは「壁は国民国家の主権が誇張された一例だ。あらゆる誇張同様、壁も自らが表現しようとするもの自体の中心に、不確実で脆弱で曖昧あるいは不安定な何かがあることを明らかにしている」と論じた。パンデミック対応のあらゆる場面で私たちが目にしているのは、この不安定で脆弱な何かなのだ。

二世紀前に始まった私たちの知る政治環境は終わりに来ている。政治的人間《ホモ・ポリティクス》はまだ絶対的権力を行使しているが、国家は権力を失った。この主権の欠如を隠すため、一九九〇年代以降、政治家はテレビシリーズの俳優のごとく姿を見せ、プライベートと引き換えに個人的物語を語って信用を回復しようとした。これはよくできた奇術であり、共同体の物語を個人的来歴とすり替えた。主権者の肖像は色彩を取り戻したが、それは受肉という代償を伴った。その肖像はもはや主権者としてではなく、テレビシリーズの登場人物として現れ、私たちは選挙のたびごとに、そこに自分たちの矛盾する欲望を投影する。主権なき統治と熟議なき民主主義という二重の現象の影響を受け、不信はあらゆるところに拡大した。私たちは、ビル・クリントンからバラク・オバマまで、不信がアメリカの民主主義を蝕んでいくのを目の当たりにした。そしてきわめて意外ではあるが当然の結果として、不信のチャンピオン、ドナルド・トランプと共に不信は権力に到達した。

道化師の暴政はこの過程の最終段階であり、これをもって王、王子、主権者の姿が、実体、そして顔を失うサイクルは閉じられる。こうした主権者の姿の歪曲は、権力の責任を引き受けるべき個人にのみ帰するものではなく、国家主権の危機の結果なのだ。主権とは、王や主権者が持つ働きかけの力や、空間と時間における権力の保持を可能とする国家の象徴の上に成り立つ装置である。権力の象徴体系とは、力の必要不可欠なつながりである。王の肖像が公示され、宮廷で人生の物語が語られ、王の公の場への登場や権力の儀式が規定される。ネオリベラルなグローバル化によって解体させられたのが、この二重の現実である。その結果、行動は不当と見なされ、国家の言葉は信頼性をすっかり失った。

そう遠くない過去の物語で多くの比喩《メタファー》を見てきた老俳優が、荒廃した政治劇場の舞台で深々と別れのお辞儀をする。俳優はすっかり芸を出し尽くした。リーダーとしてのカリスマ性も、主権の象徴も失い、もはや眩惑することもない。演技を引き延ばしても、嘲笑されるのが関の山だ。彼の演説は意味を伴わず、空疎だ。彼は甲冑のように重い二つ目の身体と共に去り、道化師に場を譲る。道化師は政治の劇場を道化師のサーカス小屋に、舞台をサーカスのステージにすり替える。

アルゴリズムとアゴラ

主権至上主義政党もこのロジックから逃れられはしない。「主権至上主義者」は政界復帰を果たした大物どころか、その没落を象徴する滑稽な仮面に過ぎない。実際のところ、国家主権が危機にさらされている時代において、どうしたら主権至上主義を体現できるというのだろう。無力で、行動を起こそうにもその手段を奪われた主権者に、どうしたら姿形を与えられるというのだろう。「すべてはグロテスクだ」と言いたくもなるだろう。「グロテスク」という言葉が、法律や規則や権力とその表象の実践を挫折させる様々な手法を意味するなら、確かにこの言葉も的を射ている。権力の威厳は働きかけの力と主権の力を反映する一方、グロテスクは衰えた主権の顔であり、自らを犠牲にして上演するほかない。道化師とは支配が反転した姿と言えよう。国王の道化師とは力とは逆のものにほかならず、王から不信を取り除くために自ら不信を引き受ける役回りだったはずだ。だが今や道化師が王の座に就いた。

本書『道化師政治家の時代』は、一九九〇年代以降の政治状況の激変に関する四つの調査の総括である。筆者は加速的な変質について、四つの段階を踏んで分析した。『ストーリーテリング――歴史を作り、思考をフォーマット化する機械(*Storytelling. La machine à fabriquer des histoires et à formater les esprits*)』(La Découverte, 2007)では、政治舞台がいかにして統治技法を演出技法に置き換えたかを分析した。『食人の儀式(*La Cérémonie cannibale*)』(Fayard, 2013)では、前回の分析をさらに進め、政治家を食い尽くすメディアや、大統領職の象徴から個人の誇示への変異を重点的に論じた。『衝突の時代(*L'Ère du clash*)』(Fayard, 2019)では、不信のスパイラルに呑み込まれた民主主義の場の崩壊と、GAFAM経由で民主主義的熟議や統治技術に割り込むアルゴリズムという新たな合理性の出現について分析した。

この分析の最終段階に当たるのが本書で、政治的人間《ホモ・ポリティクス》は最後の変容段階にあり、威厳と伝聞《ファマ》を捨て去り、道化師の衣装をまとい、非合理性を体現し、不信を唯一のよりどころとして自らの正当性を確立しようとしている。哲学者アンリ・ベルクソンによる有名な滑稽の定義「生きているものに張りついた機械的なもの」の一節を用いて言えば、グロテスクな権力とは政治家に張りついた不信の機械的なものである。

グロテスクな権力は盛んに身振り手振りを交え、フェイクニュースと挑発を利用して、新たな権力の形を体現する。この権力は合理性、伝統、マックス・ヴェーバーが重視したカリスマ性を通してではなく、不合理性、逸脱、道化を通して支配力を確保する。トランプはその最初の出現だが、これまでの分析で、極端なまでに粉飾されたグロテスクな権力の人物たちが、いわゆるポピュリスト的革命のホログラムのごとく、世界各地で増殖している現状を見てきた。ブラジルのジャイール・ボルソナロ、英国のボリス・ジョンソン、イタリアのマッテオ・サルヴィーニとベッペ・グリッロ、インドのナレンドラ・モディ、「道化師《クラウン》」を自称するウクライナのウォロディミル・ゼレンスキー等々。

彼らの陰には、もう一人の人物が隠れている。目立たず、イデオロギーらしいものも持たず、データの波に乗った情報界の地味な人物である。それはボリス・ジョンソンの陰のドミニク・カミングズであり、ドナルド・トランプの陰のブラッド・パースカルであり、ルカ・モリージが生み出し、マッテオ・サルヴィーニの集会の舞台裏で動く「ベスティア」だ。ＩＴ技術者は何年もかけて不信という鉛をコミットメントという黄金に変える能力のある魔術師として評価を確立した。おどけた道化師の下では、オタクの特殊技術が働いている。カーニバルの派手な無秩序の下では、精密なアルゴリズムが機能している。政治的カーニバルの舞台で上演されるのは、嘲弄と専門知識の矛盾した戯曲であり、カーニバル的人物とアルゴリズム機構のシンクロナイズである。これは超政治的瞬間であり、歴史を書く《エクリチュール》という行為から不信の炎上への通過である。

コロナウィルス禍がピークに達した頃、フェイスブック、YouTube、インスタグラム、ツイッターなどのプラットフォームは、陰謀論を広げて公衆衛生危機への対応を麻痺させた。これらプラットフォームの影響力は計り知れない。マーク・ザッカーバーグの助言者的存在だったロジャー・マクナミーは、イメージ豊かな言い回しでこの点を指摘した。「フェイスブックの月次ユーザー数は、世界のキリスト教信者数に近く、グーグルのユーザー数はイスラム教徒とほぼ等しい」と。これは偶然の産物でも、簡単に修正できるようなプラットフォームの誤用でもない。問題なのはこれらのビジネスモデルなのだ。たとえばフェイスブック上の過激派グループの劇的増加と影響力は、突発事ではなく、意識的選択の結果である。フェイスブックの内部調査によれば、過激なテーマにフォーカスしたグループへの登録の六四パーセントは、フェイスブックのおすすめ機能から来ている。ヘイトスピーチや情報操作はこれらプラットフォームの収益を最大限に高める原動力であり、プラットフォームは分裂の上に繁栄する。コンテンツが過激であればあるほど、ユーザーはこれをシェアし、アルゴリズムがこうした現象を増幅する。

どんなグロテスクな道化もアドリブなどではなく、不信とコミットメントという精密な法則に従っている。嘲弄は不信を増長させ、コミットメントは不信を票に変える。これはもはや厳密な意味での大衆プロパガンダではない。というのも、ソーシャルネットワーク経由で広まっているのは、有権者や彼らの要望を分析するマイクロターゲティングに基づき、ビッグデータからフィルタリングされ、アルゴリズムでプロファイルされた個人向けメッセージだからである。このグロテスクを特徴づけているのは俳優だけでなく、もはや注目も信用も失った政治という舞台全体だからである。道化師のおどけた顔と技術者の地味な顔も、この舞台の上でフェイスブック、ツイッター、ＧＡＦＡＭの匿名の力にさらされて失われていく。グロテスクな権力の下には、アルゴリズムの匿名の力が働いており、民主主義制度や公の議論を蝕んでいく。

人工知能に基づいたテクストの生成と、ソーシャルネットワークのチャットボットという二つの現象の遭遇は、脅威を生む。イリノイ大学のコミュニケーション専門教授で、メディア改革を目指す組織フリー・プレスの共同設立者でもあるロバート・W・マクチェスニーは、この二重現象の影響について次のように危惧している。「この二つの傾向の組み合わせは、現実の政治的言説を圧倒しかねない、人間のものではないやり取りを生む。近いうちに、人工知能で動くパーソナリティが新聞や議員に宛ててカスタマイズされた手紙を書いたり、立法過程において個別の解釈を立てたり、ソーシャルメディアについての政治的問いをこざかしく議論したりするようになるだろう。実在しているかのような持続的人物を作り出して、ソーシャルネットワーク、ニュース、その他のサイトに掲載されている内容についてコメントするようになるだろう。コンピューターにより生成されたこれら『人物』は、インターネット上での人間同士の現実の議論を封じ込めるだろう」

「コミットメント」の技術者やビッグデータのマーケッターは、選挙戦で重要な役割を担っていると主張するが、結局のところ、指揮を執っているのはロボットに紐づけられた予算であり、舞台裏ではアルゴリズムの匿名かつ自動的な力学が働いている。さしあたりグロテスクな権力が道化師や技術者の二つのイメージを通して現れるとしても、それは画面に映し出された姿で、ＧＡＦＡＭとそのアルゴリズムの顔なき力を隠しているのかもしれない。

画家が無駄な凹凸を取り除き、姿形の純粋性を出現させようと何層もの絵の具をかき削るように、本書の分析の結果浮かび上がってきたのは、純粋な図式《ダイアグラム》だ。かつてこの図式には政府首脳の肖像が掲げられていたが、今となっては数字とデータが映し出されるスクリーンでしかない。アルゴリズムは広場《アゴラ》に、有権者のマイクロターゲティングは民主主義の熟議に取って代わった。政治崩壊の最終局面では、過半数のロジックが数のロジックに取って代わられる。数で勝利を収めた者は数で消し去られるのである。[47]

友人ミシェル・フェレールとの会話がなければ、この本は違った内容になっていただろう。二〇一六年一一月のドナルド・トランプ当選以降、ジュディス・バトラーとウェンディ・ブラウンと重ねた話し合いのおかげで、本書の内容がさらに深まった。校正刷りを読んでくださったオレリー・フィリペッティにもお礼申し上げる。

「スタートアップ・インキュベーター」や企業支援はたびたび話題に上がるが、メディアパートのような知的議論を活性化させる思考のインキュベーターの重要性については、充分に認識されていない。メディアパート社長エドウィ・プレネルと、コーディネーターのカリーヌ・フトー、ステファン・アリエスにも謝意を示したい。また紙面を割いてくださった思考的日刊メディアAOCとシルヴァン・ブルモーにもお礼申し上げる。

原注

＊1：アメリカのコロナ感染者数は一四九万六八五八人、死者数六万四八六七人。ブラジルの感染者は三八六万二三一一人、死者数一二万八九九六人。

＊2：ポピュリズムについては、以下を参照。Éric Fassin, *Populisme : le grand ressentiment*, Paris, Textuel, 2017.

＊3：Christian Salmon, *L'Ère du clash*, Paris, Fayard, 2019.〔未邦訳〕

＊4：Vann R. Newkirk II, « The American Idea in 140 Characters », *The Atlantic*, 24 mars 2016.

＊5：Noah Kulwin, « Steve Bannon on how 2008 planted the seed for the Trump presidency », *New York Magazine*, 10 août 2018.

＊6：Michelle Goldberg, « Anniversary of the Apocalypse », *The New York Times*, 6 novembre 2017.

＊7：Michel Foucault, *Les anormaux : cours au Collège de France 1974-1975*, Paris , EHESS / Seuil /Gallimard, 1999.

＊8：Sergio Luzzatto, *Le Corps du Duce*, trad. P.-E. Dauzat, Paris, Gallimard, 2014.

＊9：この文書のフランス語の初版は、ソシオロジー誌（*Sociologie*）に掲載された。同誌には、権限がどのように認められ、受け入れられ、正当化されるかについてのウェーバーの簡潔な考察も掲載されている。以下を参照。https ://www.cairn.info/revue-sociologie-2014-3-page-307.htm

＊10：Mikhaïl Bakhtine, *L'OEuvre de François Rabelais et la culture populaire au Moyen Âge et sous la Renaissance*, trad. par Andrée Robel, Gallimard, coll. « Tel », 1982.

＊11：Mathieu Magnaudeix, « Ruth Ben-Ghiat, historienne américaine : "Il est indéniable que Trump emprunte au fascisme" », *Mediapart*, 28 juillet 2019.

＊12：Michel Foucault, *op. cit.*

＊13：Giuliano da Empoli, *Les Ingénieurs du chaos*, Paris, JC Lattès, 2019.

＊14：Eliane Brum, « Bolsonaro (des)governa o Brasil pelo Twitter », *El País*, 6 mars 2019.

＊15：Rosana Pinheiro-Machado, « Estive em 26 universidades dos EUA e ninguém pensa duas vezes antes de definir Bolsonaro : “fascista” », *The Intercept*, 18 mars 2019.

＊16：Rosana Pinheiro-Machado, « Le déclin du Parti des Travailleurs, l'ascension de la droite et la gauche orpheline », *Autres Brésils*, 11 juin 2015.

＊17：Eliane Brum, « Cem dias sob o domínio dos perversos », *El País*, 12 avril 2019.

＊18：Éric Fassin, « “Marielle presente !” Le carnaval politique du genre au Brésil », blog Mediapart, 14 mars 2019.

＊19：Jean-Baptiste Chastand, « Dominic Cummings, le conseiller de Boris Johnson qui électrise le Brexit », *Le Monde*, 10 août 2019.

＊20：Ailbhe Rea, « The strange cult of Dominic Cummings », *The New Statesman*, 21 août 2019.

＊21：Patrick Wintour, « Dominic Cummings : Master of the dark arts handed keys to No 10 », *The Guardian*, 26 juillet 2019.

＊22：T.S. Eliot, « The Hollow Men », in *La Terre vaine et autres poèmes*, Seuil, coll. « Points Poésie », 2006.

＊23：Reuters, le 5 septembre 2019.

＊24：Amy Jones, « Uri Geller applies for job at No 10 after Dominic Cumming appealed for “weirdos” and “misfits” », *The Telegraph*, 7 janvier 2020.

＊25：Catherine de Poortere, « Gouvernementalité algorithmique : trois questions à Antoinette Rouvroy et Hugues Bersini », *Point Culture*, 2 décembre 2019.

＊26：Alicia Mornington , « Ce que la stratégie d'immunité de groupe britannique révèle du gouvernement

Johnson », *The Conversation*, 13 mai 2020.

＊27：以下の引用。Giuliano da Empoli, *Les Ingénieurs du chaos*.

＊28：William Saletan, « The Trump Pandemic », *Slate*, 9 août 2020.

＊29：Jeffrey Herf, *Le Modernisme réactionnaire*, Paris, L'Échappée, 2018. 以下も参照。Johann Chapoutot, *Libres d'obéir. Le management, du nazisme à aujourd'hui*, Paris, Gallimard, 2020.

＊30：Sarah Churchwell, « American immigration : A century of racism », *The New York Review of Books*, 26 septembre 2019.

＊31：Peter Baker, Maggie Haberman et Sharon LaFraniere, « Trump commutes sentence of Roger Stone in case he long denounced », *The New York Times*, 10 juillet 2020.

＊32：ゲーリー・ハートはマイアミ・ヘラルド紙に、元ミスアメリカとの不倫を暴かれて、大統領選を断念せざるを得なかった。二〇一八年の映画『フロントランナー』は、このスキャンダルに着想を得た作品である。

＊33：Michael D'Antonio, *The Truth About Trump*, New York, St. Martin's Press, 2016.

＊34：Roger Stone, *Stone's Rules. How to Win at Politics, Business, and Style*, New York, Skyhorse, 2018.

＊35：*Ibid*.

＊36：Jean Baudrillard, *Carnaval et cannibale*, Éditions de L'Herne, 2008.

＊37：Joan Didion, *Political Fictions*, New York, Random House, 2001.

＊38：Lucian K. Truscott IV, « No rallies, no Death Star : Trumps's campaign is disintegrating before our eyes », *Salon*, 18 juillet 2020.

＊39：Robert Draper, « Can the Trump campaign rewrite the story of the Trump presidency ? », *The New York Times*, 28 avril 2020.

＊40：https://www.newyorker.com/magazine/2020/03/09/theman-behind-trumps-facebook-juggernaut

＊41：https://www.theguardian.com/ us-news/ 2020/jan/ 30/brad-parscale-trump-social-media-rasputin -campaign-manager

*42：https://www.propublica.org/article/the-myths-of-thegenius-behind-trumps-reelection-campaign

*43：Brittany Kaiser, *L'Affaire Cambridge Analytica*, Paris, HarperCollins, 2020.

*44：Lauren Etter, Vernon Silver et Sarah Frier, « How Facebook's political unit enables the dark art of digital propaganda », *Bloomberg News*, 21 décembre 2017.

*45：Robert Draper, « Can the Trump campaign rewrite the story of the Trump presidency ? ». 前出の記事。

*46：Diane Rubenstein , *This Is Not a President. Sense, Nonsense , and the American Political Imaginary*, New York, New York University Press, 2008.

*47：最後のこの一節のヒントになったコメントを下さったアブデリラ・ナジュミに感謝申し上げる。

本書で言及された文献の邦訳

T・S・エリオット『空ろな人間たち』岩崎宗治訳、『四つの四重奏』所収、岩波書店、二〇一一年他
ブリタニー・カイザー『告発 フェイスブックを揺るがした巨大スキャンダル』染田屋茂、道本美穂、小谷力、小金輝彦訳、ハーパーコリンズ・ジャパン、二〇一九年
ガブリエル・ガルシア＝マルケス『コレラの時代の愛』木村栄一訳、新潮社、二〇〇六年
ウィリアム・ギブスン『ニューロマンサー』黒丸尚訳、早川書店、一九八六年
シュテファン・キュール『ナチ・コネクション』麻生九美訳、明石書店、一九九九年
マレイ・ゲルマン『クォークとジャガー　たゆみなく進化する複雑系』野本陽代訳、草思社、一九九七年
アルフレッド・ジャリ『ユビュ王』竹内健訳、現代思潮新社、二〇一二年他
アルベルト・シュペーア『第三帝国の神殿にて――ナチス軍需相の証言』上下巻、品田豊治訳、中央公論新社、二〇〇一年
ジョルジュ・ディディ＝ユベルマン『受肉した絵画』桑田光平、鈴木亘訳、水声社、二〇二一年
ギー・ドゥボール『スペクタクルの社会』木下誠訳、筑摩書房、二〇〇三年
ドストエフスキー『カラマーゾフの兄弟』全四巻、亀山郁夫訳、光文社、二〇〇六年他
ジェフリー・ハーフ『保守革命とモダニズム――ワイマール・第三帝国のテクノロジー・文化・政治』中村幹雄、谷口健治、姫岡とし子訳、岩波書店、一九九一年
ミハイル・バフチン『フランソワ・ラブレーの作品と中世・ルネッサンスの民衆文化』川端香男里訳、せりか書房、

一九七四年
オノレ・ド・バルザック『知られざる傑作』水野亮訳、岩波書店、一九六五年
フィッツジェラルド『華麗なるギャツビー』大貫三郎、角川書店、二〇二二年他
フィッツジェラルド『崩壊』宮本陽吉、渥美昭夫、井上謙治訳『崩壊　フィッツジェラルド作品集3』所収、荒地出版社、一九九三年
フーコー『ミシェル・フーコー講義集成〈5〉異常者たち（コレージュ・ド・フランス講義1974‐75）』慎改康之訳、筑摩書房、二〇〇二年
ジャン・ボードリヤール『カーニバルとカニバル』塚原史訳『なぜ、すべてがすでに消滅しなかったのか』所収、筑摩書房、二〇〇九年
ミシェル・ド・モンテーニュ『エセー』全七巻、宮下志朗訳、白水社、二〇〇五年他

解説

「道化師政治家の時代」の次に来るのは

国末憲人

クリスチャン・サルモンの名を知ったのは、二〇〇八年の初めごろだろうか。新聞社の支局長としてパリに駐在していた私は、当時のフランス大統領ニコラ・サルコジに関する書物を、パリ左岸の書店アルマッタンで漁っていた。その書棚で偶然見かけたのが、サルコジ世代の各国指導者の政治手法を分析した彼の著書『ストーリーテリング』(未邦訳)だった。

のちにベストセラーとなって十数言語に訳される同書を手に取り、レジに持って行くと、書店員が声をかけてきた。

「いい本を見つけましたね。これはなかなかのものですよ」

実際、私はその本にのめり込んだ。フランスでは当時、尊大な態度と派手なパフォーマンスで話題を振りまく大統領サルコジの政治手法を、「ポピュリズム」の一形態と見なす論評が少なくなかった。一方で、フランスの右翼ジャン＝マリー・ルペンや英国の欧州連合（EU）離脱派政治家ナイジェル・ファラージら典型的なポピュリスト政治家とサルコジとの間に、共通点を見いだすのに苦労していた。サルモンは、あいまいなこの「ポピュリズム」の概念に頼らず、米国で政治に影響を与え始めていたマーケティングの理論「ストーリーテリング」から、サルコジ政治を説き起こしたのだった。「イデオロギー」の時代が終焉を迎え、大きな理想に向けて人々を結集できなくなった現代では、政治家が物語る小さな「ストーリー」こそが支持を集める、というのである。

歴史を踏まえて着実に議論を重ねる学問の世界からは、なかなか出てこない着想だろう。かつては作家ミラン・クンデラの助手を務め、文学と政治評論とジャーナリズムの垣根を越えて縦横に動き回ってきた彼ならではの分析である。直接話をうかがいたいと思った。

しばらくしてモンパルナスのカフェで面会したサルモンは、穏やかで礼儀正しい常識人に見えた。そこで交わした会話は拙著『サルコジ　マーケティングで政治を変えた大統領』

（新潮選書）で紹介したが、彼はすでにこの時、それから四年後の大統領選でサルコジが落選するだろうと見通していた。

サルコジ評以上に印象に残ったのは、政治家を分類するサルモン独自の理論だった。彼によると、戦後世界の指導者は三つのタイプに分けられるという。

一、ドゴール、チャーチルら「国父の時代」。彼らは、国家と自らの運命を重ね見た。

二、ケネディ、ジスカールデスタン、シュミットら「専門家の時代」。経済成長に専門知識で対応した。

三、クリントン、ブレア、サルコジら「ストーリーテラーの時代」。薄っぺらい物語を売り込んで人気を集めた。

彼自身、この分類について「次の本のテーマになるかも知れないね。ただ、精査が必要だ」と話していた。

それから十余年を経た二〇二一年秋、赴任先のロンドンからパリを訪れた私は、書店の棚で再びサルモンの著書に出会った。それが、米大統領ドナルド・トランプ、英首相ボリス・ジョンソン、ブラジル大統領ジャイール・ボルソナロらの手法を論じた本書『道化師政治家の時代』の原著である。

この時私は、ジョンソンに関する論考を書こうとしていた。サルコジと同様に、ジョンソンも定義しにくい政治家である。ポピュリスト的な要素を多分に持つのは間違いない。一方で、大騒ぎをして人気を集めるだけでなく、政策通として実際に政権を運営し、しかも国際政治の主要アクターの一人としての交渉能力も備えている。サルモンは同書で、ジョンソン本人の政治志向や手法だけでなく、その陰でジョンソンに強い影響を与えてきた参謀ドミニク・カミングズについても論じていた。

ポピュリズム論を通じた政治家分析では多くの場合、政治家本人に関心が集中し、配下のスタッフには及ばない。その点で、サルモンの視点はやはり複眼的であり、独創的だった。彼は『ストーリーテリング』で、政治家の背後でストーリーを組み立てるブレーン「スピン・ドクター」(操作の達人)の存在に言及していたが、今回も同様に、政治家の陰に控える実力者に光を当てたのである。表に立つ政治家本人と、「エンジニア」と呼ばれる裏方とを合わせて、政治家像を理解する。そのようなサルモンの姿勢は、政治の姿をより立体的に、より包括的に描くことを可能にした。

年が明けて二〇二二年一月末、久々にサルモンに連絡を取り、パリ市内の仕事場を訪ねた。エマニュエル・マクロンの再選をかけたフランス大統領選が三カ月足らずに迫っていた。ロシア軍がウクライナ国境に兵力を集め、侵攻が取りざたされる頃でもあった。

扇動や挑発を繰り返すトランプやジョンソン、ボルソナロといった政治家は、なぜ世にはばかるのか。

「トランプはツイートをばらまき、ジョンソンはジョークを連発し、ボルソナロは勝手な予言を繰り返します。大げさで、人々をからかい、ののしる姿は、まるで道化師が政権を握ったかのようです。ナチス・ドイツはイデオロギーで人々を扇動しましたが、トランプらの扇動にはそのような理念の一貫性などありません。流動的な世界を巧みに渡り歩き、デジタル空間に散らばって浮遊する人々の意識を、自ら騒ぐことによって結集するのです」

「たとえばマクロンのような政治家は、将来に希望を持てる肯定的な世界観を築こうとしていますが、あまりうまくいっていません。これに対し、道化師政治家はこれまでの政治を徹底的に否定して、政治不信を高めることに成功しました。左右両派の政治に失望し、既存の政治を否定する極端な主張や陰謀論に流れた一部の有権者の意識を引きつけたのです。現代の政治運動は、民主的な議論からではなく、このような不信感から生まれます」

ジョンソンやトランプは確かに、ばかな振る舞いを繰り返したが、それは本人がばかであるからではない。政権担当能力を備えたかようなそぶりを見せず、道化師に徹することこそが成功の鍵だと、しっかり認識しているからだ。サルモンはそう分析し、情報技術を駆使しつつ政治家を操るエンジニアとコンビを組むからこそ、彼らは成功しているとも指摘した。

「道化師政治家だけだと、注目を集めることはできても、大衆を動員することはできません。道化師の背後には必ず、アルゴリズムを駆使して戦略を立てるエンジニアが控え、デジタル空間での支持拡大をもくろんでいるのです。大量のデータを分析し、政策をテーマにしたオンラインゲームを開催して若者の関心を引きつけるなどします」

そのエンジニア役が、ジョンソンの場合カミングズ、トランプの場合ブラッド・パースケール、ボルソナロの場合三人の息子たちであるのは、本書に書かれている通りである。ジョンソンやトランプがその後、失速して政権を失った一因は、エンジニア役とたもとを分かったことにあると考えられる。

では、この「道化師政治家の時代」は、かつて彼が分類した「国父の時代」「専門家の時代」「ストーリーテラーの時代」に続く第四世代だろうか。

そう問いかけると、彼は「そういえば、そんな話をしましたね」と思い出したようだった。当時の構想は、結局一冊の本には結実しなかったと見える。

「むしろ第五世代でしょう。『ストーリーテラーの時代』は、二〇〇八年から本格化した金融危機とともに去り、その被害を査定するフランス大統領のフランソワ・オランドら『会計士の時代』に移りました。その後に到来したのが『道化師政治家の時代』です」

「そこにはもう、民主的な手法で政策論争をしたり、首尾一貫した統治を政府が進めたりする姿はありません。かつて政治を語り合ったアゴラ（広場）はアルゴリズムに、政党はポピュリズム運動に、取って代わられたのです。理念が入り乱れ、イタリアでは右翼と左翼が一緒に政権をつくったりもしました。もはや『政治』とは呼べない『ポスト政治』の時代です。政治家は、有権者に選ばれたにもかかわらず、全く正統性を持ち得なくなりました」

「私たちは、あらゆる政治の指標をブラックホールに投げ込んだあげく、自らもそこに吸い込まれてしまったのです。政治不信の渦は、渦自体ものみ込んだのです」

では、世界はこれからどこに向かうのか。

「『道化師政治家の時代』が長続きするとは思えません。すでに、トランプの後にジョー・バイデンが米国の大統領を務めている。英国でも、ジョンソンを引き継ぐのは正統派モデルの政治家でしょう」

その予想は当たり、インタビューから約半年後にジョンソンは失脚した。英国ではその後、リズ・トラスが短期間首相を務めた後、二〇二三年二月現在は実務家肌のリシ・スナクが政権を担っている。

サルモンの真骨頂は、権勢を振るう指導者の性質を冷徹に見つめ、その限界を見抜き、次に来る政治家とその時代を推察する論評にある。もし正統派の政治研究者だったら、こんな予言めいたことはしない。歴史に必然はなく、想像しえない要素が介在して、未来はどう転ぶか分からない。そうわきまえているからである。

一方で、私たちがしばしば求めるのは、隙を突かれないよう手堅くまとめた学説ではなく、将来への不安を和らげてくれる大胆な予想である。人々のこうした意識に乗じて、怪しげな言説やトンデモ本がまかり通るなかで、精緻な分析と確固たる理論に裏付けられた推論を展開する本書の存在は貴重だろう。

サルモンと会って一カ月も経たないうちに、ロシアがウクライナに侵攻し、世界の空気は一変した。もはや、道化師政治家を面白がる余裕は、政治の世界に存在しない。では、この後に来るのはバイデン型の正統派政治家の時代だろうか。戦乱の時期らしく攻撃的な政治家が台頭する恐れはないのか。次の機会に尋ねてみたい。

（朝日新聞編集委員兼論説委員）

二〇二三年二月

◆著者

クリスチャン・サルモン（Christian Salmon）

フランスのジャーナリスト、作家、研究者。1951年生まれ。フランス社会科学高等研究院の研究員として長年勤務。政治におけるストーリーテリングの活用、コミュニケーション、マネジメントマーケティングの研究を専門とする。1980年代に作家ミラン·クンデラの助手をつとめた。2007年刊の政治評論『ストーリーテリング：歴史を作り、思考をフォーマット化する機械 *Storytelling. La machine à fabriquer des histoires et à formater les esprits*』（未邦訳）は十数言語に翻訳されるベストセラーになった。著書にはほかに『食人の儀式：パフォーマンス政治について *La Cérémonie cannibale. De la performance politique*』、『衝突の時代　*L'Ère du clash*』などがある。

◆訳者

ダコスタ吉村花子（よしむら・はなこ）

翻訳家。明治学院大学文学部フランス文学科卒業。リモージュ大学歴史学DEA修了。18世紀フランス、アンシャン・レジームを専門とする。主な訳書に『ヴェルサイユ宮殿 影の主役たち：世界一華麗な王宮を支えた人々』、『マリー・アントワネットの暗号：解読されたフェルセン伯爵との往復書簡』、『マリー・アントワネットと５人の男』、『女帝そして母、マリア・テレジア』、『美術は魂に語りかける』、『テンプル騎士団全史』、『十字軍全史』などがある。

道化《どう》《け》師《し》政治《せいじ》家《か》の時代《じだい》

トランプ、ジョンソンを生《う》み出《だ》したアルゴリズム戦略《せんりゃく》

●

2023 年 3 月 25 日　第 1 刷

著者……………クリスチャン・サルモン

訳者……………ダコスタ吉村花子《よしむらはなこ》

装幀……………村松道代

発行者……………成瀬雅人

発行所……………株式会社原書房

〒 160-0022 東京都新宿区新宿 1-25-13

電話・代表　03(3354)0685

http://www.harashobo.co.jp/

振替・00150-6-151594

印刷・製本……………シナノ印刷株式会社

ISBN 978-4-562-07269-9, printed in Japan